Rechtsanwaltskammer für den Oberlandesgerichtsbezirk Koblenz (Hrsg.)
Anwaltsgerichte

Jubiläumsjahr 1999
Von Profi zu Profi. Seit 75 Jahren.

Anwaltsgerichte

Lieblingsrezepte von und für Rechtsanwälte

Herausgegeben von der
Rechtsanwaltskammer
für den Oberlandesgerichtsbezirk Koblenz

Luchterhand

Die Deutsche Bibliothek – CIP-Einheitsaufnahme
Anwaltsgerichte / hrsg. von der Rechtsanwaltskammer für den Oberlandesgerichtsbezirk Koblenz (Hrsg.). – Neuwied ; Kriftel : Luchterhand 1999
ISBN 3-472-04007-6

Zeichnungen: Kai-Michael Möbus, Göttingen.
Umschlaggestaltung: arttec grafik Simon & Wagner, St. Goar.
Satz: Satz · Bild · Grafik Marohn, Dortmund.
Druck: Wilhelm & Adam, Heusenstamm.
Printed in Germany, Oktober 1999.

∞ Gedruckt auf säurefreiem, alterungsbeständigem und chlorfreiem Papier.

Vorwort

Die Entdeckung eines neuen Gerichts trägt mehr zum Glück der Menschen bei als die Entdeckung eines Sterns.
(Brillat Savarin)

Anwaltsgerichte – ein Titel, der berufsbezogene Assoziationen hervorruft. Ein Mißverständnis, das durch freundlich gestimmte Neugier ersetzt wird, den Leser für uns voreingenommen machen soll. Ein Umweg, den wir den Leser bewußt gehen lassen.

Wir, das sind Anwälte, die neben ihrem beruflichen Einsatz Zeit und Muße für die »schönen Dinge« des Lebens finden. Vor einiger Zeit waren es Kolleginnen und Kollegen, die uns ihre Kunst der Malerei zugänglich gemacht haben. Auch ein kleines Orchester der Kammer ist entstanden, das schon einige Veranstaltungen bereichert hat. Nun haben wir ein Buch zusammengestellt, in dem Kolleginnen und Kollegen uns durch ihre Rezepte einen kleinen Einblick in ihre Nebenbeschäftigung gewähren.

Vom Einfachen bis zum Raffinierten, ein buntes Allerlei ist zusammen gekommen. Garniert haben wir diese Gerichte unseres »Kammervolks« mit den Leib-Gerichten einiger Prominenz. Wir danken allen, die unserer Anregung gefolgt sind.

Dieses kleine Buch möge dazu verführen, das eine oder andere Gericht nachzukochen. Zwar hat jedes Gericht seine Eigenheit, doch nur Mut, auch Bocuse kocht nur mit Wasser – wie bei den meisten Gerichten.

Justizrat Dr. Norbert Westenberger,
Präsident der Rechtsanwaltskammer für den Oberlandesgerichtsbezirk Koblenz

Anwaltsgerichte ganz anders ...

»Anwaltsgerichte« – für den Anwalt bisher eine unangenehme Vorstellung; war er damit befaßt, hatte er sich entweder gegen den Vorwurf einer Pflichtverletzung zu verteidigen oder er mußte nicht für das Recht anderer sondern für sein eigenes kämpfen.

Nun präsentiert die Anwaltschaft für die Anwaltschaft völlig andere »Anwaltsgerichte«.

Gründe gibt es mehr als genug, spontan nette Freunde einzuladen oder mit der Familie gemütlich und gut zu Abend zu essen, wären da nicht die Fragen »Was soll ich denn kochen?« oder »Haben wir noch Eis im Kühlschrank?«. »Anwaltsgerichte« hat einige Ideen zusammengefaßt, die diese Fragen überflüssig machen. Und denken Sie daran: Es muß nicht alles perfekt sein; probieren Sie aus, was Ihnen gefällt. Und: Ein ausgeglichener, fröhlicher Gastgeber ist wichtiger als ein etikettegerecht gedeckter Tisch.

Justizrat Dr. Dieter Hess,
Präsident des Anwaltsgerichtshofs
Rheinland-Pfalz,
Vorsitzender der Arbeitsgemeinschaft
der Präsidenten der Anwaltsgerichtshöfe
in der Bundesrepublik Deutschland

Inhalt

Seite

Vorspeisen

Begrüßungscocktail 9
Muscheln mit Gemüsesalat 9
Avocados mit Krabben 10
Kleine Tintenfische mit Knoblauch und Petersilie in Weißwein 10
Lachstatar mit Avocado 11
Blätterteig mit Schinkenfarce 11
Mizithropittakia (Frischkäse-Taschen) 12
Chicken Wings mit Limettensirup 12
Champignons mit Gänseleberfüllung 13
Berufssalat 14
Herrensalat 14
Black and White (Crema di oliva nere) 15
Herbstlicher Feldsalat 15

Suppen

Rheinhessisches Sonntagsessen 19
Rindfleischsuppe mit Grünkernmehl und Markklößchen 19
Rindfleisch mit Meerrettichsauce und süß-sauren Gurken 19
Rote-Bete-Süppchen 20
Kressesuppe mit Croutons 20
Zucchinicreme-Suppe 21
Spinatsuppe 21
Spinatcreme-Suppe 22
Lauchcreme-Suppe mit Lachsstreifen 22
Wildrahmsuppe mit Pilzen 23
Woi-Supp (Wein-Suppe) 23
Kartoffelsuppe 24
Porreesuppe 24
Garnelensuppe 25

Nudeln

Selbstgemachte Spätzle 29
Nudeln mit Zucchini 29
Lachs-Lasagne 30

Gemüse

Grünkohl mit Pinkel 33
Eifeler Saubohnen (dicke Bohnen mit Räucherspeck, Zwiebeln und saurer Sahne) 34
Sparschel mit Woischaum (Spargel mit Weinschaum) 34
Geröstetes Weißkraut 35
Rotkohl 35
Spinat 36
Gratin von Zucchini und Fenchel 36
Überbackene Zucchini mit Schafskäse 37

Seite

Zucchini-Pfanne 37
Lauch auf Tomaten 38
Lauchgemüse 38
Gebratene Aubergine 39
Revithia Choriathiki (Kichererbsen auf Bauernbrot) 39
Fenchelgemüse 40
Süß-saure Gurken als Teil eines rheinhessischen Sonntagsessens 40

Geflügel

Bremer Kükenragout 43
Kräuterpoularde 44
Kotopoulo me Bamies (Huhn mit Okraschoten) 45
Suprêmes de poulet à la sauge 45
Frikassee mit Sektcreme 46
Überbackene Putenschnitzel mit Bananen und Currysauce 46
Putenbrust in rotem thailändischen Curry 47
Pökelente 48

Fisch

Trierer Fischschüssel 51
Provencalische Fischpfanne 52
Rotbarschfilet à l´avocat 53
Karpfen aus dem Backofen 53
Lachsklößchen mit hausgemachten grünen Nudeln und Kerbelsauce 54
Lachsfilet mit Blattspinat 55
Lachsfilet in Gemüse-Pfeffersauce 55
Roter Fisch 56
Kabeljau im grünen Mantel 56
Seezungenspiralen in Wermutschaum 57
Urlaub am Meer 58

Fleisch

Grafenpfanne 61
Pikante Grillsauce zum Verfeinern von Grillfleisch auf dem Holzkohlengrill 62
Gekochter Tafelspitz mit warmer Rettichsauce 63
Vitello al latte (Kalbfleisch, in Milch geschmort) 64
Rouladen »Pfälzer Art« 64
Gratinierte Hackfleischrouladen 65
Kalbsröllchen 65
Trierer Sauerbratenschüssel 66
Kasseler mit Bananen (überbacken) 66
Schweinefleisch süß-sauer 67

Seite

Wild

Lapin au lard (Kaninchen mit Speck) 71
Wildschwein in Morchelrahm 72
Rehrücken mit Sauce 73
Rehrücken 74

Aufläufe, pikante Kuchen, pikantes Gebäck

Sauerkrautauflauf – Das rustikale Anwaltsgericht 77
Schwäbischer Zwiebelkuchen 77
Käsegebäck 78
Quiche mit Ziegenfrischkäse 78
Quiche Lorraine 79

Nachspeisen, Gebäck

Amaretto-Creme – Das süße Anwaltsgericht 83
Französische Birnentorte – »Justizratstorte« 83
Birne mit 2 Saucen (Sommerversion) 84
Panna Cotta 84
Aprikosen-Tarte 85
Apriko-Sorbet 85
Himbeernachspeise 86
Überbackene Himbeeren mit Pfefferminz 86
Bayerische Creme mit Himbeermark 87
Sherry-Creme 87
Eissauce mit Obst 88
Woischaumsoß (Weinschaumsauce) 88
Darmstädter Götterspeise als Teil eines rheinhessischen Sonntagsessens 89
Glacierte Apfelscheiben an Griesklößchen 89
Apfelgratin »Isabelle« 90
Heiße Bananen mit Zimt-Kokosnuß-Sauce 90
Rhabarber mit Pfefferminzkaramel 91
Süßer Reisauflauf 91
Basler Leckerli 92
Knappkuchen 93
Mousse au chocolat à l´avocate 93
Fondant au chocolat noir 94

Vorspeisen

Zum Entrée ein Begrüßungscocktail

Zutaten:

1 reife Mango (ca. 350 g)
2 Limetten
1 Flasche trockener Sekt (3/4 l)
einige Zitronenmelisseblättchen zur Dekoration

Zubereitung:

1 Mango schälen. Fruchtfleisch vom Kern ablösen und würfeln, anschließend mit dem Mixstab pürieren.

2 1 Limette auspressen, 3 – 4 EL des Safts mit dem Mangopüree verrühren.

3 Fruchtpüree auf Cocktailgläser verteilen und mit gut gekühltem Sekt auffüllen.

4 Glasrand mit Limettenscheiben und Zitronenmelisseblättchen dekorieren.

von Rechtsanwältin Alexandra Meerfeld, Trier

Muscheln mit Gemüsesalat

Zutaten:

Für die Muscheln:
1 1/2 kg gesäuberte Muscheln
1 große Zwiebel, grob gehackt
1 – 2 EL Butter
1/10 l trockener (nicht saurer) Weißwein
Pfeffer aus der Mühle
Semmelbrösel
3 EL Butter
Olivenöl

Für den Salat:
1 – 2 Knollen frischer Fenchel
2 – 3 Stangen Bleichsellerie oder eine entsprechende Menge Knollensellerie
1 – 2 gekochte rote Beete
1 Vinaigrette aus Estragon-Weißweinessig
Öl
Pfeffer
Salz

Zubereitung:

1 Die Gemüse in feine Streifen schneiden, mit der Vinaigrette begießen und 1 – 2 Std. gut durchziehen lassen.

2 In einem großen Topf Zwiebel in Butter auf geringer Hitze weich dünsten (und dabei nicht braun werden lassen!), mit dem Weißwein ablöschen, auf großer Flamme aufkochen und die Muscheln hinzugeben, reichlich pfeffern, zugedeckt garen lassen, dabei gelegentlich durchschütteln oder mit einem Löffel durchmischen. Das dauert kürzer als man denkt! Die Muscheln sollen saftig bleiben! Spätestens, wenn fast alle Muscheln geöffnet sind, vom Feuer nehmen.

3 Muscheln auslösen und in Semmelbröseln wenden.

4 Den Sud durch ein feines Sieb abgießen und darauf achten, daß kein Sand dabei ist.

5 Den Sud, soweit es der Salzgehalt zuläßt (abschmecken!), reduzieren und mit 2 EL kalter Butter mit dem Zauberstab schaumig aufschlagen.

6 Butter im heißen Olivenöl schmelzen lassen und darin die Muscheln kurz (goldbraun) ausbacken. Auch hier lieber kürzer als länger! Die Muscheln sollen saftig bleiben!

7 Salat auf einem Teller anrichten, daneben die Muscheln auf einem Spiegel vom Sud.

von Rechtsanwalt Dr. Hans-Albert Braunbeck, Mainz, Mitglied des 2. Senats des Anwaltsgerichtshofs Rheinland-Pfalz

Avocados mit Krabben

von Rechtsanwalt Eckhard Finke, Bad Kreuznach

Zutaten:

reife Avocados
Zitronensaft
2 Eier
2 EL Remoulade
Schmand
Krabben
Pfeffer
Salz

Zubereitung:

1 Gut reife Avocados halbieren. Mit einer Gabel anstechen und mit Zitrone beträufeln.

2 Die hartgekochten Eier kleinwürfeln und mit der Remoulade, etwas Schmand und Krabben vermischen. Das Ganze mit Pfeffer, Salz und Zitrone abschmecken und auf der Avocado verteilen.

3 Mit dem Löffel wird dann die Avocado beim Essen ausgehöhlt, so daß die Schale übrigbleibt.

Kleine Tintenfische mit Knoblauch und Petersilie in Weißwein

von Rechtsanwältin Marga Buschbell-Steeger, Koblenz, Geschäftsführerin der Rechtsanwaltskammer Koblenz

Zutaten:

500 g Moscardini (kleine Tintenfische)
4 EL Olivenöl
5 – 6 Knoblauchzehen
1 – 2 Chilischoten
1 großer Bund glattblättrige Petersilie
Pfeffer
Salz
1/4 l trockener Weißwein

Zubereitung:

1 Die Moscardini gründlich waschen, gut abtropfen lassen – erst in einem Sieb trockenschütteln, dann auf Küchenpapier völlig trocknen.

2 Das Öl erhitzen und die Moscardini darin auf größter Flamme nur eben anbraten – das dauert nicht länger als 2 Min. Die Moscardini müssen aber ständig mit dem Kochlöffel im Topf herumgewirbelt werden.

3 Mit dem Schaumlöffel herausheben.

4 Nun die gehackten Knoblauchzehen im Öl neben dem Herd nur weich werden lassen – sie dürfen nicht rösten.

5 Die inzwischen entkernten, in Ringe geschnittenen Chilischoten zufügen, ebenso die grobgehackte Petersilie, pfeffern und salzen, alles kurz zusammenfallen lassen.

6 Moscardini wieder in den Topf geben. Den Wein angießen und einmal kräftig aufwallen lassen.

7 Durchschwenken, bis sich der Wein mit dem Knoblauchöl und dem aus den Moscardini herausgekochten Eiweiß verbunden hat und eine sämige Sauce entstanden ist.

Man kann die Moscardini warm, lauwarm oder auch mit Zimmertemperatur servieren.

Lachstatar mit Avocado

Zutaten:

2 reife Avocados
Zitronensaft
$^{1}/_{2}$ TL Cayennepfeffer
$^{1}/_{2}$ TL Pimentkörner
Salz
300 g frisches Lachsfilet
2 Schalotten
1 Bund Dill
2 EL Sonnenblumenöl
50 g Lachskaviar

Zubereitung:

1 Die Avocados schälen, den Kern auslösen, die Hälften quer in dünne Scheiben schneiden, fächerförmig auf einem Teller anrichten.

2 Sofort reichlich mit Zitronensaft beträufeln. Mit fein zerstoßenen Pfeffer- und Pimentkörnern und Salz würzen.

3 Das Filet in winzig kleine Würfel schneiden (nicht mit dem Mixer).

4 Schalotten feinwürfeln und mit gehacktem Dill mischen.

5 Das Tatar mit Zitronensaft, Pfeffer, Salz und Öl würzen, den Teller mit Lachskaviarperlen dekorieren.

von Rechtsanwalt JR Rolf Meyer-Schenk, Zell, ehemaliges Mitglied des Vorstandes der Rechtsanwaltskammer Koblenz

Blätterteig mit Schinkenfarce

Zutaten:

Für den Blätterteig:
4 Blatt (300 g) tiefgefrorener Blätterteig (oder die entsprechende Menge frischer Blätterteig)
Eigelb
Für die Farce:
150 g gemahlener, gekochter Schinken
75 g grob geriebener junger Gouda
$^{1}/_{10}$ l saure Sahne oder Crème Fraîche
2 EL Schnittlauchröllchen
Pfeffer
Salz

Zubereitung:

1 Die Zutaten für die Farce zu einer (von der Konsistenz her etwa streichfähigen) Farce mischen.

2 Den Blätterteig auf eine Stärke von etwa 3 mm ausrollen und in beliebig große Quadrate (oder eine andere Form) schneiden, den Rand mit Eigelb bestreichen, in die Mitte einen Klecks Farce geben, zuklappen, Rand andrücken und Oberseite ebenfalls mit etwas Eigelb bestreichen.

3 Im heißen Ofen (220°C) ca. $^{1}/_{4}$ Std. backen.

4 Etwas abkühlen lassen;

warm servieren!

Tip: *Kann erforderlichenfalls auch aufgebacken werden.*

von Rechtsanwalt Dr. Hans-Albert Braunbeck, Mainz, Mitglied des 2. Senats des Anwaltsgerichtshofs Rheinland-Pfalz

»Der Rechtsanwalt hat entweder nichts zum Leben oder nichts vom Leben.«
(Prof. Dr. Möhring, Rechtsanwalt beim Bundesgerichtshof, zitiert nach Heindl/Schambeck »Prozesse sind ein Silberschweiß oder Juristenbrevier«)
Dieser sicher häufig zutreffende Satz gilt nicht für die Kategorie der kochenden Anwälte; denn die haben, wie an deren Hobby ersichtlich, beides, nämlich Spaß beim Essen und Spaß beim Kochen.

Mizithropittakia (Frischkäse-Taschen)

von Rechtsanwalt Werner Herberz, Rüdesheim

Zutaten:

(für 12 Stück)

115 g Mehl
Olivenöl
150 g Mizithra (Frischkäse aus Schafsmilch), ersatzweise Ricotta
1 Eigelb
4 Frühlingszwiebeln
Minze
Petersilie
Pfeffer
Salz
1 Eiweiß

Zubereitung:

1 Einen geschmeidigen Teig aus Mehl mit ½ TL Salz, 100 ml Wasser und 1 EL Öl herstellen, zur Kugel formen und – in Folie gewickelt – 1 Std. im Kühlschrank ruhen lassen.

2 Käse mit dem Eigelb, den kleingeschnittenen Frühlingszwiebeln, den zerhackten Kräutern, Pfeffer und Salz verrühren.

3 Eiweiß verquirlen. Die Teigkugeln halbieren, eine Hälfte wieder zurück in den Kühlschrank legen.

4 Teig sehr dünn ausrollen, ca. 12 – 13 cm große Kreise mit Schüssel oder Glas ausstechen. Ränder mit Eiweiß einpinseln. In die Mitte 1 TL Käse geben. Zur Hälfte umklappen und Ränder mit Gabelzinken festdrücken.

5 Wenn der ganze Teig verarbeitet ist, die Taschen bei mittlerer Hitze in Öl goldbraun braten und warm servieren.

Chicken Wings mit Limettensirup

von Rechtsanwalt Hans-Albert Braunbeck, Mainz, Mitglied des 2. Senats des Anwaltsgerichtshofs Rheinland-Pfalz

Zutaten:

800 g Hähnchenflügel
Pfeffer
Salz
1 EL Öl
1 EL Butter
2 EL Honig
Saft einer Limette

Zubereitung:

1 Hähnchenflügel pfeffern und salzen.

2 In einer Pfanne Öl erhitzen und darin die Butter schmelzen. Hähnchenflügel goldbraun braten, aus der Pfanne nehmen und in einer feuerfesten Form im Backofen bei ca. 200°C fertig garen.

3 Einen großen Teil des Fettes aus der Pfanne abgießen, den Honig in der Pfanne schmelzen und leicht karamelisieren lassen. Mit dem Limettensaft ablöschen und zu einem leichten Sirup einkochen.

4 Hähnchenflügel auf einem Teller anrichten, mit dem Sirup übergießen.

Empfehlung: *Auch als Beilage für einen Vorspeisensalat (Frisée oder Feldsalat) oder zu schmalen Bandnudeln geeignet.*

Champignons mit Gänseleberfüllung

von Rechtsanwältin Elke Braun, Asbach

Zutaten:

(für 6 Personen)
300 g Gänseleber (keine Stopfleber)
65 ml Schlagsahne
40 g Zwiebeln
150 g Bacon
1 Bund Majoran
2 Scheiben Weizentoast
1 Eiweiß
6 große, weiße Champignons (600 g)
1 Lorbeerblatt
1 Zweig Thymian
400 ml Rinderfond (aus dem Glas)
schwarzer Pfeffer aus der Mühle
Salz
30 g Butter oder Margarine

Zubereitung:

1 Die Gänseleber putzen. 200 g davon feinwürfeln, den Rest zusammen mit der Schlagsahne pürieren, kalt stellen. Die gepellten Zwiebeln feinwürfeln, 6 Scheiben Bacon beiseite legen, den Rest feinwürfeln. Die Majoranblättchen von den Stielen streifen, die Hälfte davon hacken. Die Toastbrotscheiben entrinden und feinwürfeln.

2 Das Eiweiß mit einer Gabel leicht verschlagen, die Brotwürfel darin einweichen. Die Hälfte des gewürfelten Bacon mit den gesamten Zwiebelwürfeln in einer Pfanne etwa 3 Min. dünsten. Die Leberwürfel und den gehackten Majoran dazugeben, unter Wenden weitere 2 – 3 Min. dünsten.

3 Die Champignons mit einem Tuch abreiben, die Stiele herausdrehen. Die offene Seite der Pilzköpfe glattschneiden, die Lamellen mit einem Kugelausstecher oder einem Löffel herausschaben. Die Stiele und Champignonabschnitte grobhacken und mit Lorbeer und Thymian im Rinderfond 10 Min. leise kochen lassen. Den Fond durch ein Sieb gießen und bei stärkerer Hitze im offenen Topf auf die Hälfte einkochen. Mit Pfeffer und Salz abschmecken.

4 Die Baconscheiben seitlich um die Pilzköpfe legen und mit Holzstäbchen feststecken. Eine ofenfeste Form ausfetten, die Champignons hineinsetzen.

5 Das Leberpüree, das Leberwürfelgemisch und die Toastbrotwürfel miteinander vermengen, pfeffern, salzen, in die Champignonköpfe füllen.

6 Die Pilze im vorgeheizten Ofen bei 225°C (Gas: Stufe 4; Umluft nicht empfehlenswert) 15 – 18 Min. garen. Zwischendurch mit Fond bepinseln, der sich in der Form bildet.

7 Die restlichen Baconwürfel knusprig braun braten und auf Küchenpapier geben.

8 Die Champignons auf vorgewärmten Portionstellern anrichten, mit dem eingekochten Fond begießen und mit Baconwürfeln und den restlichen Majoranblättchen bestreuen.

Berufssalat

von Rechtsanwalt JR Hermann Schmitt, Trier, Mitglied des Vorstandes der Rechtsanwaltskammer Koblenz

Zutaten:

Für den Kraus-Endiviensalat:

300 g Hühnerleber
Pfeffer aus der Mühle
Salz
Kräuter der Provence
2 Knoblauchzehen
Cognac
Butter
Biskin Spezial

Für das Dressing:

kleingehackte Schalotten
Petersilie
frische Kräuter
Pfeffer, Salz, Essig, Öl

Zubereitung:

1 Die Hühnerleber gut waschen und säubern, trockentupfen, kleinschneiden, alles Fett abschneiden.

2 Pfeffer aus der Mühle und Salz, Kräuter der Provence, Knoblauchzehen und Cognac hinzugeben.

3 Alles ca. 2 – 3 Std. im Kühlschrank ziehen lassen, danach in Butter und Biskin Spezial gut braun von allen Seiten anbraten.

4 Für das Dressing kleingehackte Schalotten, Petersilie und frische Kräuter, Pfeffer und Salz, Essig und Öl vermischen.

Herrensalat

von Rechtsanwalt Ingo Rehtmeyer, Cochem, Mitglied des Vorstandes der Rechtsanwaltskammer Koblenz

Zutaten:

(für 6 – 8 Personen)

5 Kartoffeln
5 Gurken
5 Eier
1 Zwiebel
Seelachsersatz
Remoulade
1 Apfel
2 Ananasscheiben

Zubereitung:

Alle Zutaten kleinschneiden und miteinander vermischen.

Black and White

Der Name wurde kreiert aus dem Schwarz der Robe und dem Weiß des Binders des Anwaltes!

von Rechtsanwältin M. Charlotte Fichtl-Hilgers, Neuwied

Zutaten:

schwarze Oliven
feines Olivenöl
Ciabatta-Brot
Mozarella-Käse

Zubereitung:

1 Crema di oliva nere – Creme aus eingelegten, entsteinten und anschließend kleingehackten schwarzen Oliven, gewürzt und mit feinem Olivenöl zu einer Paste verrührt.

2 Auf Ciabatta-Brot gestrichen und mit einer Scheibe Mozarella-Käse überbacken.

Es ist das Versuchen wert!

Herbstlicher Feldsalat

von Rechtsanwalt Michael Jansen, Koblenz

Zutaten:

(für ca. 4 Personen)
Feldsalat
Balsamiko-Essig
Pfeffer, Salz
Dijon-Senf
Zucker
provinzialische Kräuter
Öl
1 Zwiebel
1 – 2 Tomaten
ca. 70 g Ceranoschinken
Butter
Olivenöl
2 Scheiben Ciabatta-Weißbrot
(italienisches Weißbrot)
Knoblauch oder Knoblauchpulver

Zubereitung:

1 Den Feldsalat putzen, waschen, trocknen und schleudern.

2 Eine Vinaigrette aus Balsamiko-Essig ($^1/_3$) und Öl ($^2/_3$) rühren. Zuerst den Balsamiko-Essig mit Pfeffer und Salz, 1 Messerspitze Dijon-Senf, Zucker nach Belieben, 1 Hauch provinzialischer Kräuter verrühren, dann mit dem Öl aufschlagen, 1 kleine, sehr fein geschnittene Zwiebel und in Würfel geschnittene Tomaten einrühren und ca. $^1/_4$ Std. marinieren lassen.

3 Den Ceranoschinken (Scheiben) in kleine Würfelstücke schneiden und in einer kleinen Pfanne in Butter und etwas Olivenöl (es sollte ein sehr gutes sein) langsam bei schwacher Hitze ausbraten. Weißbrot in Würfel schneiden und in Butter mit ein wenig Olivenöl zu Croutons knusprig braten, gegen Ende des Vorgangs mit Knoblauch (feingehackt) oder Knoblauchpulver bestreuen.

4 Den Feldsalat in 4 Portionen auf kleinen Tellern auslegen. Die Vinaigrette darübergießen, mit Tomatenstücken dekorieren, den ausgebratenen Ceranoschinken mit der noch lauwarmen Butter-/Olivenölmischung übergießen, die Weißbrot-Croutons dekorativ darüber anrichten.

Suppen

Rheinhessisches Sonntagsessen

Rindfleischsuppe mit Grünkernmehl und Markklößchen

Zutaten:

Suppenknochen
ca. 3 l Wasser
ca. 1 kg Tafelspitz
Salz
1 Brühwürfel
Suppengemüse
Grünkernmehl

Zubereitung:

1 Es werden einige Suppenknochen mit dem Wasser kalt aufgesetzt und ca. eine $^3/_4$ Std. gekocht, dann geben wir den Tafelspitz, Salz und evtl. 1 Brühwürfel hinzu und lassen das Ganze weitere $1^1/_2$ Std. kochen. Das Rindfleisch herausnehmen und warm stellen.

2 20 Min. vor Ende der Kochzeit geben wir geputztes und kleingeschnittenes Suppengemüse hinzu. Zum Schluß mit etwas Grünkernmehl andicken.

von Rechtsanwalt Karl-Otto Armbrüster, Mainz, Mitglied des Vorstandes der Rechtsanwaltskammer Koblenz

Rindfleisch mit Meerrettichsauce und süß-sauren Gurken

Zutaten:

Meerrettichsauce
3 Pfund süß-saure Gurken, süß-saure Trauben oder süß-saure Pflaumen
Holländersauce
1 Prise Zucker
geriebener Meerrettich
Essig
Wasser
Für den Sud:
$^1/_2$ l 5%-iger Essig
2 Pfund Zucker
3 – 4 Nelken
2 – 3 Zimtstangen

Zubereitung:

1 Das aus der Suppe entnommene Rindfleisch in schöne, gleichmäßige Stücke schneiden und mit Meerrettichsauce und süß-sauren Gurken, süß-sauren Trauben oder süß-sauren Pflaumen servieren.

2 Zur Meerrettichsauce bereitet man eine Holländersauce, gibt eine Prise Zucker und geriebenen Meerrettich dazu, je nach Geschmack.

3 Die süß-sauren Gurken sind (natürlich) hausgemacht und werden wie folgt zubereitet:

4 Gurken – natürlich aus dem Garten –, die groß und gelb geworden sind, werden geschält und halbiert. Mit einem Eßlöffel werden die Kerne gut ausgeschabt und die Hälfte in $^3/_4$ cm dicke Scheiben geschnitten.

5 Die so vorbereiteten Gurken werden in $^1/_2$ Essig und $^1/_2$ Wasser gut bißfest gekocht, dann bereitet man den Sud vor.

6 Das Ganze in Gläser verteilen und sterilisieren oder Sud nochmals abkochen und heiß darübergießen und mit Zellophan verschließen.

Rote-Bete-Süppchen

von Rechtsanwalt JR Werner Hanhart, Koblenz, ehemaliges Mitglied des Vorstandes der Rechtsanwaltskammer Koblenz

Zutaten:

(für 4 – 6 Personen)
1 Glas Rote-Bete-Kugeln (ca. 500 g)
1 l Milch
3 Becher Sahne
Zucker
gemahlener Pfeffer
Salz
1 Bund Schnittlauch

Zubereitung:

1 Rote Bete mit dem Mixer pürieren, nur wenig von der Rote-Bete-Brühe dazugeben, diese Masse mit Milch und Sahne auf gewünschte Suppenkonsistenz verrühren, mit Zucker, gemahlenem Pfeffer und Salz abschmecken, das Ganze unter Umrühren kurz aufkochen.

2 100 g Sahne schlagen, Schnittlauch waschen und feinschneiden.

3 Die heiße Suppe in Teller verteilen, auf jeden Teller 1 EL Schlagsahne geben, Schnittlauch darüberstreuen und Pfeffer über die Sahne-Schnittlauch-Haube mahlen.

4 Rote-Bete-Süppchen servieren.

Kressesuppe mit Croutons

von Rechtsanwältin Marga Buschbell-Steeger, Koblenz, Geschäftsführerin der Rechtsanwaltskammer Koblenz

Zutaten:

1 Zwiebel
2 Kästchen Kresse
50 g Butter
1 EL Schnittlauchröllchen
1/4 l heiße Gemüse- oder Geflügelbrühe
weißer Pfeffer
Salz
1 Prise geriebene Muskatnuß
2 Schnapsgläser trockener Wein
2 Eigelb
1/8 l Sahne
2 Scheiben Toast

Zubereitung:

1 Die Zwiebeln schälen und feinhacken. Die Kresseblättchen mit der Küchenschere abschneiden, in einem Sieb abbrausen und gut abtropfen lassen. 2 EL Kresseblättchen beiseite stellen. Von der Butter 1 EL abnehmen, die übrige Butter in einem Topf zerlassen und die Zwiebeln mit der Kresse unter Umrühren dann 2 Min. darin anbraten.

2 Den Schnittlauch und die Brühe dazugeben, einmal aufkochen lassen. Die Brühe mit Pfeffer und Salz abschmecken und den Muskat unterrühren.

3 Den Weißwein mit den Eigelben und der Sahne verquirlen.

4 4 – 5 EL von der heißen Suppe in die Ei-Sahne rühren.

5 Die Suppe vom Herd nehmen und die Ei-Sahne einrühren. Die Suppe noch einmal erhitzen, aber nicht mehr kochen lassen.

6 Das Toastbrot würfeln und in der restlichen Butter goldbraun rösten.

7 Die Suppe anrichten, mit Toastwürfeln und den übrigen Kresseblättchen bestreuen.

Zucchinicreme-Suppe

Zutaten:

(für 4 – 6 Personen)
1 kg kleine Zucchini
100 ml klare Fleischbrühe
1 Becher Crème Double
Pfeffer
Salz
50 ml süße Sahne, halbsteif geschlagen
50 g Mandelblättchen

Zubereitung:

von Rechtsanwalt JR Wilfried Schmitz, Mainz, Vorsitzender des 1. Senats des Anwaltsgerichtshofs Rheinland-Pfalz

1 Zucchini gut waschen, in Scheiben schneiden und in der Fleischbrühe weich kochen. Gekochte Zucchini mit Mixstab **sehr fein** pürieren, mit Crème Double auffüllen und mit Pfeffer und Salz abschmecken.

2 Suppe in vorgewärmte Teller füllen, in die Mitte einen Klecks der süßen Sahne geben und mit gerösteten Mandelblättchen bestreuen.

Spinatsuppe

Zutaten:

1 Päckchen tiefgefrorener Rahmspinat
Mehlschwitze
Wasser
gekörnte Brühe
1 Päckchen Sahneschmelzkäse
Pfeffer
Salz
Sahne
Schmand

Zubereitung:

von Rechtsanwalt Eckhard Finke, Bad Kreuznach

1 Den tiefgefrorenen Rahmspinat auftauen.

2 In einem Topf eine Mehlschwitze herstellen und den Rahmspinat dazugeben.

3 Mit heißem Wasser und gekörnter Brühe einmal aufkochen.

4 Den Sahneschmelzkäse dazurühren und dieses gut auflösen.

5 Anschließend mit Pfeffer, Salz und Sahne abschmecken und mit Schmand verfeinern.

Spinatcreme-Suppe

von Rechtsanwalt
Ingo Rehtmeyer,
Cochem, Mitglied
des Vorstandes
der Rechtsanwalts-
kammer Koblenz

Zutaten:

(für 2 Personen)
250 g Blattspinat
1 EL Butterschmalz
2 EL Mandelstifte
50 g gemahlene Mandeln
$^{1}/_{4}$ l Gemüsebrühe
Salz
frisch geriebene Muskatnuß
$^{1}/_{2}$ Becher Crème Fraîche (75 g)
schwarzer Pfeffer aus der Mühle
$^{1}/_{2}$ unbehandelte Zitrone

Zubereitung:

1 Den Spinat gründlich waschen und verlesen, die groben Stiele abzwicken.

2 Das Butterschmalz in einem Topf zerlassen, die Mandelstifte darin goldbraun anbraten. Wieder herausnehmen, dabei das Fett im Topf lassen.

3 Die gemahlenen Mandeln in den Topf geben und unter Rühren leicht bräunen. Mit der Brühe ablöschen, dann den Spinat hineingeben. Mit Salz und Muskatnuß würzen, zugedeckt 5 Min. kochen lassen.

4 Die Mischung im Mixer oder mit dem Pürierstab direkt im Topf pürieren. Crème Fraîche einrühren. Kräftig durchkochen, mit Gewürzen, etwas abgeriebener Zitronenschale und Zitronensaft abschmecken, mit den gerösteten Mandelstiften bestreut servieren.

***Tip:** Statt der Mandelstifte 50 g grob geraspelte Möhren aufstreuen oder 2 Scheiben Toastbrot kleinwürfeln, in Knoblauchbutter rösten und aufstreuen.*

***Empfehlung:** Als Sauce mit $^{1}/_{8}$ l Gemüsebrühe angießen! Die Sauce paßt besonders gut zu kurzgebratenen Koteletts und zu gegrilltem Meeresfisch.*

Lauchcreme-Suppe mit Lachsstreifen

von Rechtsanwältin
Ruth Hauschild,
Neuwied

Zutaten:

1 kg frischer Lauch
40 g Butter
2 EL Mehl
$^{3}/_{4}$ l Gemüsebrühe
100 g Schmelzkäse
Pfeffer
Salz
$^{1}/_{8}$ l trockener Weißwein
200 g Sahne
Muskatnuß
4 EL Parmesan
geräucherter Lachs

Zubereitung:

1 Den Lauch schneiden und waschen, hiervon ein wenig zurücklegen zur späteren Dekoration.

2 In einem größeren Topf eine Mehlschwitze herrichten, indem man die Butter zergehen läßt und sodann das Mehl verrührt, so daß die Butter angeschwitzt ist.

3 Diese Mehlschwitze mit der Gemüsebrühe ablöschen und auffüllen. Den vorbereiteten Lauch hinzugeben und 15 Min. garen. Mit einem Pürierstab pürieren. Den Schmelzkäse hinzugeben. Mit Pfeffer, Salz, dem Weißwein, der Sahne und Muskatnuß abschmecken.

4 Den Parmesan unterheben. Kurz vor dem Anrichten in Streifen geschnittenen, geräucherten Lachs hinzugeben.

5 Die Suppe mit etwas Parmesan und den rohen Lauchstreifen garnieren.

Fertig ist eine schnell zubereitete, hervorragend schmeckende Lauchcreme-Suppe!

Wildrahmsuppe mit Pilzen

Zutaten:

125 g gewürfeltes Wildfleisch
3 EL Butter
2 gewürfelte Zwiebeln
2 gehäufte EL Mehl
$^1/_8$ l Rotwein
$^3/_4$ l Fleischbrühe
1 EL Tomatenmark
1 TL Thymian
4 zerdrückte Wacholderbeeren
1 EL Preiselbeeren
Pfeffer
Worcestersauce
3 EL Sahne
80 g Champignonscheiben

Zubereitung:

von Rechtsanwalt JR Rolf Meyer-Schenk, Zell, ehemaliges Mitglied des Vorstandes der Rechtsanwaltskammer Koblenz

1 Das gewürfelte Wildfleisch in der Butter braten.

2 Die gewürfelten Zwiebeln zugeben, Mehl überstäuben, anrösten.

3 Mit Rotwein und Fleischbrühe auffüllen.

4 Mit dem Tomatenmark, dem Thymian, den zerdrückten Wacholderbeeren 35 Min. kochen.

5 Dann die Preiselbeeren, den Pfeffer, die Worcestersauce und die Sahne zugeben und abschmecken.

6 Zum Schluß die Champignonscheiben zugeben.

Woi-Supp (Wein-Suppe)

Zutaten:

$^1/_2$ l guter, lieblicher Weißwein
$^1/_2$ l Wasser
$^1/_8$ l süße Sahne
1 gestrichener TL Speisestärke
1 Zimtstange
Nelken
geriebene Schale einer Zitrone (ungespritzt)
Zucker

Zubereitung:

von Rechtsanwalt JR Dr. Dietmar Peter, Alzey, Mitglied des Vorstandes der Rechtsanwaltskammer Koblenz

1 Wein, Wasser, süße Sahne und Speisestärke gut verrühren (Schneebesen).

2 Den Zimt, die Nelken und die geriebene Zitronenschale dazugeben und aufkochen lassen (rühren).

3 Die Suppe durch ein Sieb gießen und danach wenig süßen (nach Geschmack).

Empfehlung: *Als Beilage Weißbrotscheiben mit Butteraufstrich oder Milchbrötchen im Backofen rösten.*

Kartoffelsuppe

von Rechtsanwalt Wilfried Schneider, Betzdorf

Zutaten:

3 kleingewürfelte, geschälte Kartoffeln
2 kleingewürfelte Zwiebeln
1 Lorbeerblatt
1 kleines Stückchen Möhre
ca. 1 – 2 l Hühnerfond oder -brühe
2 kleine Stück Salzbutter
1 TL Balsamico-Essig
2 EL Crème Double (oder Crème Fraîche)
1/2 Becher Sahne
frisch gemahlener weißer Pfeffer
1 – 2 Tropfen Trüffelöl
etwas Muskatnuß

Zubereitung:

1 Die kleingewürfelten, geschälten Kartoffeln, die kleingewürfelten Zwiebeln, das Lorbeerblatt, das kleine Stückchen Möhre in dem Hühnerfond oder der -brühe ca. 20 Min. kochen.

2 Möhre und Lorbeerblatt entfernen; alles pürieren.

3 Auf kleiner Flamme die Salzbutter einrühren, den Balsamico-Essig, die Crème Double (oder Crème Fraîche) dazu, die Sahne unterrühren, kräftig mit frisch gemahlenem weißen Pfeffer würzen (ich würze außerdem noch mit Fondor + Season All), 1 – 2 Tropfen (nicht mehr!) Trüffelöl dazu (evtl. noch etwas Muskatnuß darüber).

Porreesuppe

von Rechtsanwältin Nicola Düring, Vallendar

Zutaten:

50 g Margarine
500 g Porree
3/4 l Brühe
5 Ecken Schmelzkäse
1 Becher Sahne
Pfeffer, Salz
3 Scheiben gekochter Schinken

Zubereitung:

1 Die Margarine und den Porree glasig dünsten und die Brühe dazugießen. Alles 20 Min. köcheln lassen.

2 Den Sahneschmelzkäse und die Sahne in der Suppe aufkochen lassen.

3 Dann mit Pfeffer und Salz abschmecken.

4 Den gekochten Schinken in Streifen hinzugeben.

Empfehlung: *Als Beilage reicht man zu dieser Suppe Baguette.*

Garnelensuppe

Zutaten:

1 Stange Sellerie
1 Stange Lauch
1 mittelgroße Zwiebel
125 g Tiefseegarnelen (geschält)
1 EL Sherry
1 EL Sojasauce
Pfeffer (frisch gemahlen)
Salz
Sambal Olek (nach Belieben)
neutrales Pflanzenöl (z. B. Sojaöl)
1 l Hühnerbrühe
2 Eier
evtl. 1 EL Speisestärke (zum Binden)
1/2 Bund Koriandergrün, ersatzweise Petersilie
Limettenscheiben

Zubereitung:

von Rechtsanwältin Alexandra Meerfeld, Trier

1 Gemüse waschen, Sellerie in Scheiben schneiden, Lauch putzen und ebenfalls in Scheiben schneiden, Zwiebel würfeln.

2 Garnelen in einer Mischung aus Sherry, Sojasauce und Gewürzen ca. 30 Min. marinieren.

3 Gemüse unter Rühren in Öl anbraten, marinierte Garnelen zugeben, kurz weiterbraten und sodann mit Hühnerbrühe ablöschen.

4 Eier verquirlen und langsam unter Rühren in die Brühe geben. Brühe evtl. mit Speisestärke binden.

5 Mit feingehacktem Koriandergrün (oder Petersilie) bestreuen und mit Limettenscheiben anrichten.

Nudeln

Selbstgemachte Spätzle

Zutaten:

250 g Mehl
4 Eier
1 TL Salz
100 ml Wasser
2 EL geschmolzene Butter
2 EL Semmelbrösel

Zubereitung:

1 Aus den Zutaten einen zähen Teig rühren, falls der Teig zu flüssig ist, nach Bedarf Mehl zufügen. Mit dem Knethaken so lange schlagen, bis der Teig Blasen wirft.

2 Von einem nassen Spätzlebrett mit einem langen, breiten Messer oder einem »Spatzenschaber« dünne Streifen in das kochende Wasser schaben.

von Rechtsanwältin Bärbel Rüll, Ransbach-Baumbach

3 Für ungeübte Spätzleschaber und Nichtschwaben gibt es den sogenannten Spätzlehobel, er formt keine dünnen langen Spätzle, sondern sogenannte Knöpfle – das sind kleine dicke Spätzle.

4 Sobald die Spätzle an die Wasseroberfläche steigen, sind sie fertig. Sie werden mit einem Schaumlöffel entnommen und zum Abtropfen in eine Seischüssel gelegt.

5 Die fertigen Spätzle werden kurz in der geschmolzenen Butter, in der die Semmelbrösel gebräunt wurden, gewendet.

Nudeln mit Zucchini

Zutaten:

500 g kurze Nudeln
(z. B. Spiralen)
2 große Zwiebeln
1 Knoblauchzehe
200 g Schinkenspeck oder roher Schinken (geschnitten)
Butterfett, Margarine oder Olivenöl zum Anbraten
500 g Zucchini
150 – 200 g Schlagsahne
100 – 150 g geriebener Käse
(z. B. Gouda, Emmentaler, Edamer)

Zubereitung:

1 Nudeln nach Anleitung kochen.

2 Zwiebeln würfeln, Knoblauch feinhacken oder pressen, Schinken in Streifen schneiden, die Zucchini in dünne Scheiben (wie Salatgurken) schneiden (wenn sie sehr dick sind, vorher einmal längs durchschneiden).

von Rechtsanwältin Maria Rinkens, Vallendar

3 In einer hohen Pfanne oder einem Topf (mit Deckel) die Zwiebeln und den Knoblauch, zuletzt den Schinken anbraten.

4 Die Zucchinischeiben dazugeben und unter häufigem Wenden ca. 10 Min. dünsten, bis sie weich sind (zwischendurch Deckel auf den Topf oder die Pfanne). Keine zusätzliche Flüssigkeit zugeben.

5 Die gekochten Nudeln unterheben. Dann die Sahne dazugeben, umrühren und nochmal erhitzen. Zuletzt den geriebenen Käse unter die Masse rühren und schmelzen lassen.

Gutes Gelingen und guten Appetit!

Lachs-Lasagne

von Rechtsanwalt JR Werner Heisterhagen, Koblenz, ehemaliges Präsidiumsmitglied des Vorstandes der Rechtsanwaltskammer Koblenz

Zutaten:

(für 8 – 10 Personen)

ca. 250 g Butter
200 g Mehl
3 l Milch
Pfeffer
Salz
Zitronensaft
3 – 4 Pfund Lachsfilet
3 Schachteln Blattspinat
Knoblauch
2 – 3 Schachteln Lasagnenudeln
geriebener Mozarella-Käse (oder dünne Scheiben)

Zubereitung:

1 Für die Bechamelsauce Fett erhitzen und Mehl darin anschwitzen. Mit Milch ablöschen. Mit Pfeffer, Salz und Zitronensaft würzen.

2 Lachsfilets in große Stücke schneiden, mit Zitronensaft beträufeln. Vom aufgetauten Spinat die Brühe ablaufen lassen, mit Pfeffer, Salz und etwas Knoblauch kurz dünsten.

3 In einer feuerfesten, gefetteten Form abwechselnd Lagen Bechamelsauce, Lasagneblätter, wieder Bechamelsauce, die Lachsstücke, sternförmig Häufchen Spinat, Bechamelsauce, Lasagneblätter usw. schichten. Zuoberst eine Schicht Lasagneblätter, Bechamelsauce und Mozarella-Käse.

Empfehlung: *Dazu frischen Blattsalat (mit Balsamico-Vinaigrette) servieren!*

Schmeckt herrlich in einer fröhlichen Runde munterer Esser – mit einem frischen Wein!

Gemüse

Grünkohl mit Pinkel

von Rechtsanwalt Peter Caesar, Idar-Oberstein, stellvertretender Ministerpräsident, Justizminister des Landes Rheinland-Pfalz

Zutaten:

(für 6 – 8 Personen)

½ Pfund fetter Bauchspeck
½ Pfund durchwachsener Speck
1 Pfund Zwiebeln
4 Pfund Grünkohl
6 EL Hafergrütze
6 – 8 Pinkel
6 – 8 Kochwürste
6 – 8 Kasseler
Pfeffer
Salz
1 Prise Zucker
1 EL Senf

Zubereitung:

1 Den fetten Bauchspeck und den durchwachsenen Speck in kaltem Wasser aufsetzen (Speck muß bedeckt sein) und ½ Std. köcheln lassen.

2 Inzwischen 1 Pfund Zwiebeln in dünne Scheiben schneiden, den Grünkohl gründlich waschen und ebenfalls schneiden.

3 Den Speck aus dem Wasser nehmen und in das Speckwasser Grünkohl, Zwiebeln und Hafergrütze abwechselnd aufwärts schichten. Nicht durchrühren!

4 Dann 20 Min. köcheln lassen, sodann den Speck, Pinkel, 10 Min. später auch die Kochwurst und das Kasseler drauflegen und das Ganze ½ Std. köcheln lassen.

5 Nun die ganze »Schweinerei« wieder aus dem Topf nehmen, warm stellen und den Grünkohl mit Pfeffer, Salz, Zucker und Senf würzen. **Jetzt** kräftig durchrühren, die »Schweinerei« wieder in den Topf tun und ...

guten Appetit!

Tip: *Je öfter man den Grünkohl aufkocht, umso besser schmeckt er. Beim ersten Mal ist er meist noch etwas »dröge«. Wir machen meist größere Portionen und essen dann drei- oder viermal davon. Die letzten Male ist es optimal.*

Wegen der verspäteten Abgabe des Rezepts, die jedoch bereits am zweiten Tag nach dem Urlaub erfolgt, hoffe ich auf ein gnädiges Urteil des »Anwaltsgerichts« und beantrage:

das Verfahren nach § 153 StPO einzustellen

hilfsweise

eine Einstellung des Verfahrens nach § 153 a StPO herbeizuführen, wobei die zu zahlende Buße in Gestalt einer »Runde« abgeliefert werden sollte.

Es handelt sich um das »defftig Ollnborg Grönkohl-Eten«, das seit Generationen nach dem »Boseln« auf den Straßen durchgeführt wird – insbesondere in kalten Jahreszeiten, da es den guten Grünkohl ja erst nach dem Frost gibt. Ohne Frost taugt er nichts.
Die Stadt Oldenburg veranstaltet alljährlich in der Bundeshauptstadt ein Festessen, zu dem Prominenz eingeladen wird, der Prominenteste wird Kohlkönig. Ein Großteil der politischen Führungsspitze hat das schon erlebt.
Ich schreibe das deshalb so ausführlich, um möglichen Mißdeutungen des Kollegen Haas (Präsident der Bundesrechtsanwaltskammer) vorzubeugen, denn Bremer Denken veranlaßt gelegentlich dazu, auch dieses Grünkohlessen zu vereinnahmen, obwohl die Bremer mit ihrer Schaffermahlzeit ja wahrlich gut bedient sind.

Empfehlung: *Als Beilage passen Salzkartoffeln (oder kleine, in Butter angebratene Pellkartoffeln). Zu dem vorgenannten Gericht und nach dem vorgenannten Gericht trinkt man natürlich Bier, aber auch einen kräftigen Korn ... und damit wären wir wieder bei der Bußgeld-Auflage.*

Eifeler Saubohnen
(dicke Bohnen mit Räucherspeck, Zwiebeln und saurer Sahne)

von Rechtsanwalt Helmut Kutscheid, Wittlich, Mitglied des Vorstandes der Rechtsanwaltskammer Koblenz

Zutaten:
(für 4 Personen)

50 g Räucherspeck, feingewürfelt
50 g Zwiebeln, feingehackt
500 g dicke Bohnen
ca. $^{1}/_{8}$ l Wasser
etwas Bohnenkraut
1 Messerspitze weißer Pfeffer
$^{1}/_{2}$ TL Salz
ca. $^{1}/_{8}$ l saure Sahne
1 TL Schnittlauch, feingeschnitten

Zubereitung:
1 Den Räucherspeck im Topf auslassen und knusprig, die feingehackten Zwiebeln hellbraun rösten. Die Bohnen dazugeben und kurz erhitzen lassen. Dann das Wasser aufgießen und mit etwas Bohnenkraut, 1 Messerspitze weißem Pfeffer und $^{1}/_{2}$ TL Salz würzen.

2 Die dicken Bohnen bei schwacher Hitze langsam gar dünsten, die Garzeit beträgt etwa 30 Min.

3 Zum Schluß mit Pfeffer und Salz abschmecken und kurz vor dem Servieren die saure Sahne darübergießen, auf das fertige Gericht den feingeschnittenen Schnittlauch streuen.

Empfehlung: *Als Sättigungsbeilage bieten sich Bouillonkartoffeln/Salzkartoffeln an. Als Getränk hierzu bevorzuge ich – neben Mineralwasser – einen halbtrockenen Riesling Kabinett von der Mittelmosel.*

Sparschel mit Woischaum
(Spargel mit Weinschaum)

von Rechtsanwalt JR Dr. Dietmar Peter, Alzey, Mitglied des Vorstandes der Rechtsanwaltskammer Koblenz

Zutaten:
1 kg Spargel
Salzwasser
1 Stück Butter
1 Prise Zucker (verfeinert das Aroma)

Für den Weinschaum:
4 Eigelb
20 g Speisestärke
$^{3}/_{4}$ l Weißwein »Silvaner«
4 Eiweiß
weißer Pfeffer
Salz

Zubereitung:
1 Spargel vom Kopf zum Schnittende schälen, Enden abschneiden. Die Spargelstangen (der Stücke) waschen, bündeln, in das kochende, leicht gesalzene Wasser legen. Nach dem Aufkochen bei schwacher Hitze – je nach Dicke der Spargelstangen – ca. 20 Min. gar kochen. Kochen Sie die Spargel in einem hohen Topf mit den Köpfen nach unten.

2 In einen Topf mit kochendem Wasser stellen Sie einen zweiten Topf mit den Eigelben. Schlagen Sie diese im Wasserbad schaumig und geben nach und nach die Speisestärke und den »Silvaner« dazu. Es entsteht eine schaumige Creme.
Die Eiweiße mit einer Prise Salz gut steif schlagen. Den Eischnee locker (Gabel) unter die Eicreme heben und dabei etwas pfeffern.

3 Den abgetropften Spargel mit dem Weinschaum übergießen.

Empfehlung: *Als Beilage neue Kartoffeln, Kalbfleisch (Schnitzel oder Filet) oder gemischte Schinkenplatte. Als Wein ein trockener Silvaner oder trockener Weißburgunder.*

Geröstetes Weißkraut

Zutaten:

Weißkraut
durchwachsener, geräucherter Speck
Öl
Butter
Kümmel
Pfeffer
Salz

Zubereitung:

1 Weißkraut in feine Streifen schneiden.

2 Nach Belieben können für ein feineres Ergebnis dabei die Rippen herausgelöst und die Streifen möglichst gleichmäßig geschnitten werden. Für den Geschmack ist dies jedoch nicht erforderlich.

3 Durchwachsenen, geräucherten Speck in kleine Würfel schneiden.

4 In einer Pfanne Öl erhitzen und Butter darin schmelzen lassen, Speck hinzugeben und kurz anbraten, sodann das Weißkraut hinzugeben, mit Kümmel, Pfeffer und Salz würzen und bei nicht zu großem Feuer rösten.

Sofort servieren.

von Rechtsanwalt Dr. Hans-Albert Braunbeck, Mainz, Mitglied des 2. Senats des Anwaltsgerichtshofs Rheinland-Pfalz

Rotkohl

Zutaten:

50 g Schmalz
1/2 Gemüsezwiebel
2 Äpfel (Boskop)
1 kg Rotkohl
3 EL Johannisbeergelee
3 Nelken
6 EL Weinessig
Salz

Zubereitung:

1 Schmalz heiß werden lassen, Zwiebel andünsten. Dann die Apfelscheiben dazugeben und mitdünsten. Rotkohl untermischen und kurz schmoren.

2 Johannisbeergelee mit 1/8 l Wasser mischen, über den Kohl gießen, mit Nelken, Essig und Salz würzen. Den Kohl bei milder Hitze 1 Std. schmoren, gelegentlich umrühren, evtl. noch etwas Wasser zugeben.

3 Zum Schluß noch nachwürzen.

von Rechtsanwalt JR Rolf Meyer-Schenk, Zell, ehemaliges Mitglied des Vorstandes der Rechtsanwaltskammer Koblenz

Spinat

von Rechtsanwältin Bärbel Rüll, Ransbach-Baumbach

Zutaten:

500 g frischer Spinat
Wasser
50 – 100 g Butter
4 – 6 Knoblauchzehen
Pfeffer, Salz

Zubereitung:

1 Den frischen Spinat waschen und putzen.

2 Ca. 2 cm hoch Wasser in einen Topf füllen, Wasser zum Kochen bringen, Spinat 7 Min. in dem Topf kochen, mehrfach umrühren. Der Spinat fällt zusammen.

3 Den Spinat aus dem Topf entnehmen, das Wasser abtropfen lassen.

4 50 – 100 g Butter, je nach Geschmack, in einer großen Pfanne bei mittlerer Temperatur schmelzen.

5 Die Knoblauchzehen schälen und in schmale Scheiben schneiden, Knoblauch in der Butter kurz erwärmen, Spinat zufügen, mit Pfeffer und Salz würzen.

Gratin von Zucchini und Fenchel

von Rechtsanwalt Dr. Hans-Albert Braunbeck, Mainz, Mitglied des 2. Senats des Anwaltsgerichtshofs Rheinland-Pfalz

Zutaten:

2 mittlere Zucchini
2 Fenchelknollen
Butter
Pfeffer
Salz
6 EL Crème Fraîche

Zubereitung:

1 Zucchini waschen und in feine Scheiben schneiden oder hobeln.

2 Fenchel putzen, die Stengel abschneiden und den Strunk ausschneiden; ebenfalls in feine Streifen schneiden oder hobeln.

3 Gemüsescheiben in einer gebutterten Auflaufform schichten, pfeffern und salzen, Crème Fraîche darüber verteilen und im heißen Ofen (220°C) ca. 35 – 45 Min. überbacken.

Überbackene Zucchini mit Schafskäse

Zutaten:

(für 4 Personen)
4 kleinere Zucchinis (à 100 g)
1 Zwiebel
2 TL Butter
1 EL frisch gehackter Oregano
Salz
1 Knoblauchzehe
1 Scheibe Toastbrot
200 g Schafskäse
1 EL Schmand
schwarzer Pfeffer
ca. 12 Kirschtomaten
2 EL Essig
3 EL Olivenöl

Zubereitung:

1 Zucchini putzen, waschen, längs halbieren, leicht aushöhlen.

2 Zwiebel abziehen und feinwürfeln. In Butter mit Oregano anschwitzen. Das Fruchtfleisch der Zucchini kurz mitdünsten, salzen.

von Rechtsanwalt Ingo Rehtmeyer, Cochem, Mitglied des Vorstandes der Rechtsanwaltskammer Koblenz

3 Elektro-Ofen auf 175°C vorheizen. Knoblauchzehe abziehen und durchpressen. Das Toastbrot entrinden und kleinwürfeln. Schafskäse groß zerkrümeln.

4 Schmand mit Schafskäse, Knoblauch, angedünsteter Zucchini-Masse sowie Toastbrot vermengen, mit Pfeffer abschmecken und in die Zucchinihälfte füllen.

5 Zucchini im Ofen bei 175°C (Gas: Stufe 2) 20 – 25 Min. goldbraun überbacken.

6 Tomaten putzen, waschen, halbieren, mit Pfeffer, Salz, Essig und Öl marinieren. Mit den überbackenen Zucchini auf Tellern anrichten.

Empfehlung: *Als Beilage Baguette.*

Zucchini-Pfanne

Zutaten:

750 g Zucchini
Salz
Oregano
3 Eier
Wasser
Sahne
4 EL Parmesankäse
Pfeffer
Muskatnuß
Hackfleisch
Knoblauch

Zubereitung:

1 Die Zucchini in etwa 5 cm lange Stifte schneiden. In einer Pfanne dünsten, anschließend mit Salz und Oregano würzen.

von Rechtsanwalt Eckhard Finke, Bad Kreuznach

2 Die Eier mit etwas Wasser, Sahne und dem Parmesankäse verschlagen. Die Sauce mit Pfeffer, Salz und Muskatnuß würzen.

3 In einer gesonderten Pfanne Hackfleisch anbraten und dabei krümelig klein halten, mit Pfeffer, Salz und Knoblauch würzen.

4 Anschließend das Hackfleisch zu den Zucchinis geben (wenn diese weich sind); ganz zum Schluß die Sauce hinzugeben und bei milder Hitze kurz stocken lassen.

Empfehlung: *Dazu paßt Naturreis gut.*

Lauch auf Tomaten

von Rechtsanwalt
Eckhard Finke,
Bad Kreuznach

Zutaten:

Lauch
Tomaten
Pfeffer
Salz
Parmesankäse
Semmelmehl
Butterflöckchen

Zubereitung:

1 Lauch in einer aus Würfeln hergestellten Brühe gar kochen. Eine flache Auflaufform fetten und in Scheiben geschnittene Tomaten darauf verteilen. Diese mit Pfeffer und Salz würzen. Den gekochten Lauch darüberschütten und verteilen.

2 Den Lauch dann mit einer Mischung aus Parmesankäse und Semmelmehl bestreuen und Butterflöckchen aufsetzen. Das Ganze in den Ofen schieben, bis der Käse eine hellbraune Kruste gebildet hat.

Tip: *Alternativ kann man auch Hackfleisch (fertig gebraten) und eine Sauce aus saurer Sahne in den Lauch mischen, bevor er in die Auflaufform gefüllt wird.*

Empfehlung: *Dazu passen ein kurz gebratenes Stück Fleisch und Beilagen nach Wahl.*

Lauchgemüse

von Rechtsanwalt
JR Werner Hanhart,
Koblenz,
ehemaliges Mitglied
des Vorstandes
der Rechtsanwaltskammer Koblenz

Zutaten:

1 kg Lauch (Porree)
Wasser
Pfeffer nach Geschmack
Salz nach Geschmack
1 – 2 EL süße Sahne

Zubereitung:

1 Wurzelansatz der Porreestangen abschneiden, die äußere Blattschicht abziehen, Lauch der Länge nach durchschneiden und unter kaltem Wasser waschen.

2 Lauchhälften nun in 2 cm feine halbe Ringe schneiden.

3 Etwas Salzwasser zum Kochen bringen, Lauch zugeben und im geschlossenen Topf bei geringer Hitze garen (ca. 15 Min.).

4 Evtl. vorhandenes Restwasser abgießen, Lauch mit gemahlenem Pfeffer, Salz und der süßen Sahne abschmecken.

Empfehlung: *Zum Tafelspitz servieren.*

Gebratene Aubergine

Zutaten:

Auberginen
Pfeffer
Salz
Eier
Semmelmehl
Fett

Zubereitung:

1 Aubergine ungeschält in etwa $1\frac{1}{2}$ cm breite Scheiben schneiden. Diese mit Pfeffer und Salz gut würzen und sodann erst in verschlagenem Ei und in Semmelmehl wälzen.

2 Die so panierten Auberginen bei starker Hitze mit viel heißem Fett ausbacken (etwa 5 Min. von jeder Seite).

3 Sodann sofort auf den Tisch.

von Rechtsanwalt Eckhard Finke, Bad Kreuznach

Empfehlung: *Dazu passen kurz gebratenes Fleisch und Beilagen nach Wahl.*

Revithia Choriathiki
(Kichererbsen auf Bauernbrot)

Zutaten:

250 g Kichererbsen
1 Orange, ungespritzt
1 Zwiebel
Pfeffer
Salz
5 EL Olivenöl
1 EL Mehl
Petersilie

Zubereitung:

1 Kichererbsen ca. 12 Std. einweichen.

2 $1\frac{1}{2}$ l Wasser mit den Erbsen aufkochen, Schaum abschöpfen und bei schwacher Hitze 1 Std. kochen.

3 Orange sorgfältig schälen, Schale in Streifen schneiden, Orange auspressen.

4 Dann gehackte Zwiebel, Orangenschalen in Streifen, Pfeffer, Salz und Öl dazugeben und noch 30 Min. garen.

5 Mehl mit dem Orangensaft vermischen und unter die Erbsen rühren. Mit gehackter Petersilie bestreuen.

von Rechtsanwalt Werner Herberz, Rüdesheim

Empfehlung: *Dazu schmeckt geröstetes Brot.*

Fenchelgemüse

von Rechtsanwältin Gudrun Jonat-Christiansen, Bad Kreuznach

Zutaten:

(für 1 Person)
1 frischer Fenchelknollen
Butter
Schweizer Emmentaler
1 Prise Pfeffer
Naturreis

Zubereitung:

1 Für 1 Person wird 1 frischer Fenchelknollen benötigt. Man erkennt diesen an einer frischen Schnittstelle. Die abgetrennten Triebe werden bis auf die Knolle abgetrennt. Kleine Blatt-Triebe legt man separat zur Seite.

2 Die Knollen werden halbiert und ca. 20 Min. in leicht gesalzenem Wasser gekocht.

3 Zwischenzeitlich wird der Backofen auf 150°C vorgeheizt. Die gekochten Knollen kommen in eine gefettete Auflaufform – aber nur mit Butter. Darüber legt man Schweizer Emmentaler, ca. 6 mm dicke Scheiben. 1 kleine Prise Pfeffer wird darüber gegeben. Der Fenchel gart ca. 15 Min. im Umluftherd.

4 Zwischenzeitlich wird Naturreis gekocht. Beides ist gleichzeitig gar.

5 Serviert werden die Knollenhälften mit den zwischenzeitlich gehackten Fencheltrieben.

Empfehlung: *Dazu paßt ein leichter Riesling von der Nahe.*

Süß-saure Gurken
als Teil eines rheinhessischen Sonntagsessens

von Rechtsanwalt Karl-Otto Armbrüster, Mainz, Mitglied des Vorstandes der Rechtsanwaltskammer Koblenz

Zutaten:

3 Pfund süß-saure Gurken
Essig
Wasser
Für den Sud:
$^1/_2$ l 5%-iger Essig
2 Pfund Zucker
3 – 4 Nelken
2 – 3 Zimtstangen

Zubereitung:

1 Die süß-sauren Gurken sind (natürlich) hausgemacht und werden wie folgt zubereitet:

2 Gurken – natürlich aus dem Garten –, die groß und gelb geworden sind, werden geschält und halbiert. Mit einem Eßlöffel werden die Kerne gut ausgeschabt und die Hälfte in $^3/_4$ cm dicke Scheiben geschnitten.

3 Die so vorbereiteten Gurken werden in $^1/_2$ Essig und $^1/_2$ Wasser gut bißfest gekocht, dann bereitet man einen Sud vor.

4 Das Ganze in Gläser verteilen und sterilisieren oder Sud nochmals abkochen und heiß darübergießen und mit Zellophan verschließen.

Geflügel

APROPOS AUSNEHMEN: ICH HABE SCHON LANGE NICHTS MEHR VON MEINEM LIEBLINGS-MANDANTEN MÜLLER GEHÖRT...
© MOE
WEIH-NACHTS-GANS

Vor langer Zeit ...
Kein Bremer Rezept, aber laut Spesenabrechnung die Speisen, die der Syndikus Dr. Johann Heinrich Schütz als Bremer Diplomat in Wien am 17. März 1698 bei einem Essen auftragen ließ, bei dem es um die Aufrechterhaltung der Unabhängigkeit Bremens ging:
12 Hasenschindel, 6 Kapaune, 2 Rebhühner, 1 indianischer Hahn, 1 ganzes Reh, 5 Bund Cravertvögel, 8 Pfund Rindfleisch, Preiselbeeren, 4 geselchte Zungen, Schnecken, Krebse, Sellerie- und einfacher Salat, Zwiebelsauce, $3\,{}^1/_2$ Pfund Speck zum Spicken, 3 Paar Tauben, ${}^1/_8$ Lamm, Nudeln, 1 Aal zu $1\,{}^3/_4$ Pfund, 2 Pfund Stockfisch, 3 Pfund Hecht, Semmeln, Bier zum Backen, ${}^1/_2$ Pfund Sardellen, Butter, Schmalz, Eier, Gewürze, Rosmarin und Buchsbaum, 1 Wildschweinkopf als Tischdekoration, 20 Limonen, 10 Pomeranzen, ${}^1/_4$ Pfund frische Erdäpfel zur Pastete – das war damals besonders teuer. Zu trinken gab es 6 Maß roten Tiroler, 6 Maß weißen Tiroler, 8 Maß Rheinwein und später noch einmal $4\,{}^1/_2$ Maß Wein, Tee, Kaffee. Dazu wurden 18 Pfund Konfekt gereicht.

Bremer Kükenragout

»Meine gute Großmutter Mathilde Haas hat in den 90 Jahren ihres grundsoliden Lebens höchstens zwölfmal ein Gasthaus aufgesucht, dann aber regelmäßig Bremer Kükenragout bestellt, dessen Zubereitung für 6 – 8 Personen folgende Zutaten benötigt:«

von Rechtsanwalt Dr. Eberhard Haas, Bremen, Präsident der Bundesrechtsanwaltskammer, Bonn

Zutaten:
2 Küken
Salz
2 Wurzeln (Karotten, gelbe Rüben oder Mohrrüben genannt)
${}^1/_4$ Sellerie
1 Porree
1 Zwiebel
1 Midder (Kalbsbries oder Schweser)
Essig
125 g Ragoutwürstchen oder Saucischen
1 Kalbszunge
100 g Champignons
100 g Spargelspitzen

Für die Sauce:
90 g Butter
90 g Mehl
$1\,{}^1/_2$ l Kükenbrühe
1 TL Krebsbutter
1 kleines Glas Weißwein
2 Eigelb
Saft von ${}^1/_2$ Zitrone
Salz

Zubereitung:
1 Die ausgenommenen Küken werden mit der Zunge in knapp 2 l leicht gesalzenem Wasser mit dem geputzten, kleingeschnittenen Gemüse und der Zwiebel weichgekocht.

2 Währenddessen den Midder in kaltem Wasser mit etwas Essig aufkochen lassen, häuten, alle Äderchen entfernen und anschließend in klarem Wasser so lange kochen, bis der Midder ganz weich geworden ist.

3 Anschließend zwischen zwei Holzbrettchen legen, kurze Zeit beschweren und dann in Scheiben schneiden (man kann Midder auch fertig zubereitet beim Schlachter bestellen).

4 Die Ragoutwürstchen ca. 1 Min. in kochend heißem Wasser ziehen lassen (nicht kochen) und ebenfalls in Scheiben schneiden.

Die Sauce:
1 Aus Butter und Mehl eine Schwitze bereiten, mit $1\,{}^1/_2$ l gesiebter Kükenbrühe glattrühren.

2 Mit der Krebsbutter verfeinern und mit dem in Weißwein verquirlten Eigelb legieren.

3 In der restlichen Kükenbrühe die geputzten, in Scheiben geschnittenen

Champignons dünsten und mit ihrem Saft in die Sauce geben.

4 Mit Zitronensaft abschmecken.

5 Spargelspitzen in Salzwasser garen und kleinschneiden.

6 Zum Schluß vermischt man das kleingeschnittene Kükenfleisch mit der in Scheiben geschnittenen Zunge, dem Midder, den Würstchen und dem Spargel und gießt die heiße Sauce darüber. Das Ragout darf nicht wieder kochen.

Empfehlung: *Dazu pro Person (mindestens) zwei Fleurons!*

Kräuterpoularde

von Rechtsanwalt Arno Schubach, Koblenz

Zutaten:

(für 4 Personen)

1 kleine Zwiebel
50 g Champignons
2 EL Estragon (oder 1 TL getrockneter)
1 EL Petersilie
1 EL Magerquark
1 Poularde (ca. 1.300 g)
1 EL Olivenöl
Pfeffer
Salz
1 Knoblauchzehe
$^{1}/_{8}$ l Geflügelbrühe

Zubereitung:

1 Die Zwiebel schälen und vierteln. Die Champignons putzen, waschen, abtropfen lassen und mit den Zwiebelvierteln, den gehackten Kräutern und dem Quark im Mixer zu einer glatten Paste verarbeiten.

2 Die Haut der Poularde vom Hals her vom Fleisch lösen, indem Sie mit der Hand oder einem Kochlöffelstiel vorsichtig dazwischenfahren.

3 Die Würzpaste zwischen Haut und Fleisch füllen, gut verstreichen, damit sie gleichmäßig verteilt ist. Die Poularde mit dem Öl einreiben, innen und außen mit Pfeffer und Salz würzen und auf den Rost in den vorgeheizten Ofen (Elektro: 225°C, Gas: Stufe 4) legen. Etwa 35 – 40 Min. braten, den Ofen nach 30 Min. ausschalten und die Poularde nach Ende der Bratzeit noch 10 Min. im geöffneten Ofen ruhen lassen.

4 Die Bratenpfanne am Ende der Bratzeit herausnehmen, die zerdrückte Knoblauchzehe hineingeben, durchrühren, mit der Geflügelbrühe ablöschen und den Bodensatz gut losschaben. Alles bei starker Hitze unter Rühren auf etwa $^{1}/_{3}$ der Flüssigkeit einkochen.

5 Die Poularde aus dem Ofen nehmen, der Länge nach halbieren, das Rückgrat entfernen und dann in Brust- und Schenkelstücke teilen, auf einer warmen Platte anrichten und mit der durch ein Sieb gestrichenen Sauce übergossen servieren.

Kotopoulo me Bamies
(Huhn mit Okraschoten)

von Rechtsanwalt Werner Herberz, Rüdesheim

Zutaten:

(für 4 Personen)
1 Brathuhn
1/4 Tasse Olivenöl
1 Zwiebel
500 g Tomaten
1/2 Tasse Weißwein
1/4 l Wasser
Pfeffer
Salz
600 g Okraschoten
2 EL Essig

Zubereitung:

1 Das Huhn nach gründlichem Abspülen trockentupfen und in 8 Teile schneiden.

2 Huhn in Olivenöl anbraten, kleingeschnittene Zwiebeln und Tomaten (ohne Schale) dazugeben, den Wein mit dem Wasser beigießen, pfeffern und salzen.

3 Ca. 20 Min. garen, evtl. etwas Wasser nachfüllen.

4 Die Okraschoten folgendermaßen vorbereiten: Die Kappen mit dem Stielansatz vorsichtig abschneiden, ohne das Fruchtfleisch zu verletzen. Die Schnittflächen in Essig tauchen, die Okras dann mindestens 1 Std. trocknen lassen (die Griechen legen sie mehrere Stunden auf ein Tablett in die Sonne).

5 Die Schoten zwischen die Hühnerteile legen und mit der Sauce bedecken, noch 20 Min. mitdünsten. Möglichst nicht mehr umrühren, da die Schoten leicht platzen.

Empfehlung: *Als Beilage Reis oder Nudeln.*

Suprêmes de poulet à la sauge

von Rechtsanwältin Dr. Brigitte Borgmann, München, ehemalige Syndikusanwältin und Prokuristin der Allianz Versicherung, Deutschlands »Anwaltshaftungspäpstin«

Zutaten:

Hühnerbrüstchen
4 Salbeiblätter
Butter
Salz
2 EL Butter
Olivenöl
Pfeffer
1 Glas Madeira
1 TL Tomatenpüree

Zubereitung:

1 Hühnerbrüstchen häuten und entbeinen. Eine Tasche hineinschneiden. Die Salbeiblätter kleinschneiden und in 1 EL erwärmter Butter anziehen lassen, leicht salzen. Wieder erkalten lassen.

2 Die Hühnerbrüstchen damit füllen, in 1 EL Butter (gemischt mit Olivenöl) beidseitig anbraten.
Mehrere ganze Salbeiblätter kurz mitbraten.
Aus der Pfanne nehmen, mit Pfeffer und Salz würzen und warm stellen.
Aus den Knochen währenddessen einen Fond kochen, durch ein Sieb gießen, den Bratenfond damit ablöschen.

3 Das Glas Madeira und den Tomatenpüree zufügen, einkochen lassen, nachwürzen. Die Sauce mit Butter aufschlagen und die Hühnerbrüstchen damit überziehen. Die angebratenen Salbeiblätter darauf garnieren.
Sie schmecken sehr gut.

Frikassee mit Sektcreme

von Rechtsanwalt Dieter Hildebrandt, Vallendar

Zutaten:

600 g Hähnchenbrustfilet
1 großer Estragonzweig
weißer Pfeffer
Saft einer halben Zitrone
50 g Butter
2 Schalotten
200 g Scampi
250 g Crème Fraîche
2 Eigelb
$^{1}/_{5}$ l trockener Sekt
Cayennepfeffer
Salz

Zubereitung:

1 Das Hähnchenbrustfilet mit dem Estragonzweig und dem weißen Pfeffer in dem Saft der halben Zitrone 10 Min. marinieren.

2 Danach das Fleisch in 1 cm breite Streifen schneiden.

3 Die Butter in einem Topf zerlassen und das Fleisch darin anbraten. Dann die Schalotten hinzufügen und alles nochmals kurz anbraten.

4 Die Scampi hinzufügen und alles weitergaren.

5 Die Crème Fraîche mit den Eigelben verquirlen und unter das Frikassee mischen. Aufpassen, daß das Frikassee nicht mehr kocht! Den Sekt dazugießen und mit dem Cayennepfeffer und dem Salz abschmecken.

Überbackene Putenschnitzel mit Bananen und Currysauce

von Rechtsanwalt Uwe J. Scherf, Solingen, Geschäftsführer der Bundesrechtsanwaltskammer, Bonn

Zutaten:

(für 4 Personen)
4 große Putenschnitzel
4 – 5 Bananen
$^{3}/_{4}$ l Sahne
$^{1}/_{4}$ l Milch
2 TL Curry
2 EL Tomatenmark
Pfeffer
Salz
50 g geriebener Käse

Zubereitung:

1 Putenschnitzel in kleine Stücke schneiden und in einer Auflaufform verteilen.

2 Mit in Scheiben geschnittenen Bananen belegen.

3 Sahne leicht schlagen, mit den übrigen Zutaten vermengen und auf die Fleisch-Bananen-Auflage streichen.

4 Danach mit Käse bestreuen.

5 Ca. 30 Min. bei 220°C im Backofen überbacken.

Empfehlung: *Dazu passen Reis, Baguette und trockener Weißwein.*

Putenbrust in rotem thailändischen Curry

Zutaten:

600 g Putenbrustfilet
1 mittelgroße Zwiebel
2 grüne Paprika
5 – 6 getrocknete Tongupilze (chinesische Champignons)
neutrales Pflanzenöl (z.B. Sojaöl)
1 EL rote thailändische Currypaste (Asiengeschäft)
1 Dose Mais
1 Dose (215 ml) Kokosmilch (ersatzweise süße Sahne)
evtl. Speisestärke zum Binden

Zubereitung:

1 Putenbrustfilet in ca. 2 – 3 cm große Würfel schneiden.

2 Zwiebel würfeln. Paprika von Kernen und weißen Zwischenwänden befreien, in schmale Streifen oder Rauten schneiden.

3 Tongupilze in einer Tasse mit kochendem Wasser übergießen und ca. 20 Min. ziehen lassen.

von Rechtsanwältin Alexandra Meerfeld, Trier

4 In tiefer, breiter Pfanne Pflanzenöl erhitzen, Putenbrust unter Rühren kräftig anbraten. Zwiebel und Paprika zugeben und unter Rühren weiterbraten. Rote Currypaste in die Pfanne geben, unter Rühren verteilen.

5 Tongupilze abgießen. Einweichwasser auffangen und damit Pfanneninhalt ablöschen. Pilze von holzigen Stellen befreien, in schmale Streifen schneiden und in die Pfanne geben. Mais und Kokosmilch hinzufügen und unter Rühren noch etwas einkochen lassen.

Empfehlung: *Als Beilage Reis.*

Pökelente

von Rechtsanwalt JR Rolf Meyer-Schenk, Zell, ehemaliges Mitglied des Vorstandes der Rechtsanwaltskammer Koblenz

Zutaten:

1 Flugente (2 – 2 1/2 kg)
140 g Pökelsalz (vom Schlachter)
1 kleines Bund Suppengrün
1 Zweig Majoran bzw. 1 TL getrocknete Blätter
etwas Liebstöckel oder Sellerieekraut
etwas getrocknetes Bohnenkraut
1 Zwiebel (mit einer Nelke gespickt)
4 Pimentkörner
4 Lorbeerblätter
1 Prise Zucker
Butter zum Bestreichen

Für die Sauce:

30 g Butter
20 g Mehl
1/8 von der Entenkochbrühe
Salz
1 Würfel Gartenkräuter (Kräuterlinge von Knorr)

Zubereitung:

1 Ente waschen. Wenig Wasser erhitzen und das Pökelsalz darin auflösen. Mit kaltem Wasser auf ca. 2 l auffüllen. Die Ente in ein entsprechend großes Gefäß geben und mit der Pökellake begießen. Leicht beschweren und kühlgestellt
4 Tage pökeln. Ab und zu wenden.

2 Danach herausnehmen und unter fließendem Wasser gut abspülen.

3 2 1/2 l Wasser mit den Kräutern und Gewürzen zum Kochen bringen und die Ente darin 60 – 75 Min. bei milder Hitze kochen.

4 Aus dem Fond heben und abtrocknen.

5 Mit flüssiger Butter bestreichen und unter dem Grill 10 – 15 Min. bräunen.

Die Sauce:

Butter anschwitzen, Mehl dazu, mit der Brühe aufgießen, zum Kochen bringen und mit dem Kräuterling würzen.

Fisch

HERR DOKTOR KRAUSE? DER MANDANT KRÜGER IST DA - ER WILL IN NATURALIEN BEZAHLEN!!!
©MOE

Trierer Fischschüssel

von Rechtsanwalt Alfons Roeder, Trier, Mitglied des Vorstandes der Rechtsanwaltskammer Koblenz

Zutaten:

250 g Aal
375 g Barsch
1 Lorbeerblatt
2 Nelken
1 große Zwiebel
1 Möhre
1 Stück Zitronenschale
1 Flasche Wein
500 g Hecht
1 – 2 Brötchen
1 Ei
1/2 l warme Milch
Pfeffer
Salz
Fischsud

Für die Mehlbutter:
40 g Butter
40 g Mehl

Zubereitung:

1 Den Aal und den Barsch putzen. In eine große Schüssel legen und mit Wein übergießen. Die Gewürze und das gewürfelte Gemüse zugeben. Den Fisch 2 Tage lang darin marinieren. Dann herausnehmen, abtropfen lassen. Die Marinade durchsieben, die Gewürze und Gemüse in einen Mullbeutel geben. Den Rotwein aufkochen, den Fisch und den Mullbeutel einlegen. 15 Min. gar ziehen lassen.

2 In einem anderen Topf wird der Hecht in dem Fischsud gegart. Danach den Hecht abziehen und entgräten. Die Brötchen in Milch einweichen und gut ausdrücken. Den Hecht und die Brötchen zweimal durch die feine Scheibe des Fleischwolfes drehen. Das Ei einarbeiten. Ist der Teig zu weich, um daraus Klößchen zu formen, so gibt man noch etwas Paniermehl hinein. Salzen und mit Pfeffer abschmecken.

3 Den Mullbeutel aus dem Sud nehmen. Von dem Teig kleinere Klöße abstechen und in den Sud gleiten lassen. Aus Butter und Mehl einen Kloß kneten und auf die Schüssel legen. Verkochen lassen; das Gericht in der Schüssel servieren.

Empfehlung: *Dazu aß man früher Brot. Im Mittelalter bereitete man dieses Gericht mit Rotwein zu, heute aber häufig mit weißem Moselwein.*

Provencalische Fischpfanne

von Rechtsanwalt Günther Maximini, Trier, Mitglied der 1. Kammer des Anwaltsgerichts der Rechtsanwaltskammer Koblenz

Zutaten:

(für 5 – 6 Personen)

$1\frac{1}{2}$ kg gemischtes Fischfilet (z.B. Heilbutt, Kabeljau, Rotbarsch, Seelachs)
250 g Tintenfischringe
10 geschälte Riesengarnelen
1 Zitrone
1 EL Sojasauce
1 Dose gestückelte Tomaten
1 Dose passierte Tomaten
3 grüne Paprika
2 mittlere Zucchinis
3 mittlere Zwiebeln
6 Knoblauchzehen
3 EL Olivenöl
1 Würfel Fischbouillon
$\frac{1}{4}$ l Côtes de Provence rosé
4 EL gehackte Petersilie
Pfeffer

Zubereitung:

1 Fischfilet in Stücke schneiden, mit Zitronensaft und Sojasauce beträufeln, Gemüse und Zwiebeln würfeln, Knoblauchzehen schälen und kleinhacken, Olivenöl im Topf erhitzen, Knoblauch und Zwiebeln andünsten, Gemüse dazugeben und kurz mit anbraten.

2 Bouillonwürfel in wenig heißem Wasser auflösen und zusammen mit Roséwein dem Gemüse beigeben.

3 Tomatenstücke und Tomatenpulp hinzufügen und alles im geschlossenen Topf ca. 10 Min. garen; zwischenzeitlich Fischfilet und Tintenfischringe in ausreichend große Pfanne (Paellapfanne) legen, Gemüsetopf darüber verteilen und im vorgeheizten Backofen (220°C) ca. 20 Min. einkochen lassen.

4 10 Min. vor Ende der Garzeit gewaschene Garnelen auf Pfanne verteilen, Pfanne mit Petersilie überstreuen.

Empfehlung: *Dazu passen körnig gekochter Reis oder Baguette und gekühlter Rosé (Côtes de Provence).*

Rotbarschfilet à l'avocat

Zutaten:

20 g Butter
20 g Mehl
400 ml Gemüsebrühe
400 ml Sahne
2 EL Currypulver
2 TL gemahlener Ingwer
weißer Pfeffer
Salz
2 – 3 EL Mango-Chutney
3 Bananen
2 frische Mangos
4 Rotbarschfilets
1 Zitrone
2 Zweige Zitronenmelisse

Zubereitung:

1 Aus Butter und Mehl eine Mehlschwitze herstellen, mit Gemüsebrühe und Sahne aufgießen und aufkochen lassen. Mit Currypulver, Ingwer, Pfeffer, Salz und Mango-Chutney kräftig abschmecken.

von Rechtsanwalt Georg Wohlleben, Zell

2 Die Bananen in Scheiben und die Mango in Stücke schneiden. Zusammen in Butter anbraten. Die angebratenen Früchte dann in die Currysauce geben. Die Rotbarschfilets mit Zitrone beträufeln, pfeffern, salzen und in Mehl wenden. Filets in Butter 3 Min. auf jeder Seite braten.

3 Sauce pikant abschmecken, mit Fisch anrichten und mit Zitronenmelisse garnieren.

Empfehlung: *Dazu Basmati-Reis. Als Getränk empfiehlt sich ein trockener Riesling – natürlich von der Mosel!*

Karpfen aus dem Backofen

Zutaten:

1 ausgenommener, notfalls geschuppter Karpfen (ca. 1.200 – 1.500 g)
Pfeffer
Salz
Zitrone
1/2 Lorbeerblatt
Rotwein
Olivenöl
ca. 50 g Schalotten
Semmelbrösel
ca. 50 g Butter

Zubereitung:

1 Den unter fließendem Wasser gründlich gesäuberten Karpfen in 4 – 5 Teile schneiden, in eine flache Schale legen, pfeffern, salzen und leicht mit Zitronensaft beträufeln, mit dem zerdrückten Lorbeerblatt überstreuen, dem Rotwein übergießen und in der Beize 3 – 4 Std. ziehen lassen.

2 Anschließend in einer Auflaufform das Olivenöl erhitzen, die geschälten und feingehackten Schalotten in dem Öl leicht andünsten.

von JR Dr. Günther Ehlen, Koblenz, Geschäftsleitender Vorsitzender des Anwaltsgerichts für den Bezirk der Rechtsanwaltskammer Koblenz

3 Schließlich den Karpfen aus der Beize nehmen, in der alten Form zusammengesetzt in das sehr heiße Öl einlegen, mit der Beize übergießen und mit den Semmelbröseln überstreut in den auf 200°C vorgeheizten Backofen schieben, die Butter in einer Pfanne schmelzen und den Fisch mit jeweils der Hälfte im Abstand von je 10 Min. übergießen. Sodann weitere 20 Min. im Backofen garen.

Empfehlung: *Als Beilage wäre an Kartoffelsalat oder an mit Kräutern gewürztes Baguettebrot zu denken.*

Lachsklößchen mit hausgemachten grünen Nudeln und Kerbelsauce

Lachsklößchen

von Rechtsanwalt JR Wilfried Schmitz, Mainz, Vorsitzender des 1. Senats des Anwaltsgerichtshofs Rheinland-Pfalz

Zutaten:

(für 4 – 6 Personen)
250 – 300 g frisches Lachsfilet
1 Eiweiß
200 – 300 ml süße Sahne
Pfeffer
Salz
Zitronensaft

Zubereitung:

1 Lachsfilet (gut gekühlt) in Würfel schneiden und in der Moulinette fein zerkleinern, evtl. anschließend noch durch ein Haarsieb streichen.

2 In die Fischmasse mit dem Handrührer das Eiweiß einrühren und langsam die flüssige Sahne zufügen.

3 Mit Pfeffer, Salz und Zitronensaft abschmecken. Masse (am besten über Nacht) kalt stellen.

4 Salzwasser zum Kochen bringen, aus der Masse mit einem Eisportionierer Kugeln formen und im Salzwasser ca. 5 Min. garziehen lassen (nicht kochen).

Grüne Nudeln

Zutaten:

400 g Mehl
3 Eier
150 g feingehackter Spinat
Salz

Zubereitung:

1 Aus Mehl, Eiern, Spinat (gut ausgepreßt) und etwas Salz einen glatten Teig kneten, mit einem Tuch abdecken und ca. 15 – 20 Min. ruhen lassen.

2 Teig mit der Nudelmaschine oder per Hand dünn ausrollen und in Streifen schneiden.

3 Auf einem Leinentuch auslegen und trocknen lassen. Öfter wenden.

4 Salzwasser zum Kochen bringen und Nudeln bißfest kochen. Je nach Dicke der Nudeln ca. 5 – 7 Min.

Kerbelsauce

Zutaten:

1 Echalote, sehr fein gewürfelt
10 g Butter
500 ml Fischfond (selbstgemacht oder fertig)
1/2 Tasse Weißwein (sehr trocken)
1/2 Becher Crème Double
frische Kerbelblättchen

Zubereitung:

1 Echalote in Butter glasig dünsten, Fischfond zufügen und auf ca. die Hälfte reduzieren.

2 Weißwein hineingeben und Crème Double einrühren.

3 Sauce evtl. mit etwas Mehlbutter andicken.

4 Vor dem Servieren mit dem Mixstab aufpürieren und die Kerbelblättchen einstreuen.

5 Auf vorgewärmten Tellern Lachsklößchen und Nudeln anrichten und mit Sauce überziehen.

Tip: *Als Variante Lachsklößchen mit frischem Weißwein, grünen Spargeln und Kerbelsauce: Frische weiße und grüne Spargel (pro Person ca. 500 g) in Salzwasser nicht zu weich kochen, mit Lachsklößchen und Kerbelsauce anrichten.*

Lachsfilet mit Blattspinat

Zutaten:

(für 4 Personen)
4 Lachsfilets
Pfeffer
Salz
1 Glas trockener Weißwein (je nach gewünschter Saucenmenge etwas mehr)
2 Pakete tiefgekühlter Blattspinat
1 Knoblauchzehe
2 Becher Kräuter-Crème-Fraîche
200 g geriebener Käse
(Gouda oder Emmentaler)

Zubereitung:

1 Auflaufform buttern.

2 Unaufgetaute Lachsfilets pfeffern, salzen und in die Auflaufform füllen.

3 Wein angießen.

4 Lachsfilets mit Blattspinat belegen (pro Lachsfilet 1/2 Paket).

5 Darauf je 1/2 Becher Kräuter-Crème-Fraîche verteilen.

6 Im vorgeheizten Backofen bei 150 – 200°C 45 Min. backen.

7 Geraspelten Käse darauf verteilen und nochmals 15 Min. überbacken (goldbraun).

von Rechtsanwalt Uwe. J. Scherf, Solingen, Geschäftsführer der Bundesrechtsanwaltskammer, Bonn

Lachsfilet in Gemüse-Pfeffersauce

Zutaten:

(für 2 Personen)
2 Lachsfilets, frisch oder gefroren
weißer Pfeffer aus der Mühle
Salz
Saft einer Zitrone
ca. 30 g Butter
etwas Pflanzenöl
1 große Zwiebel
1 große Möhre
ca. 200 g einer Sellerieknolle
ca. 1/4 l trockener Weißwein oder Sekt
ca. 1/8 l süße Sahne
2 – 3 EL grüne, eingelegte Pfefferkörner
2 – 3 EL gehackte Petersilie

Zubereitung:

1 Den frischen oder aufgetauten Fisch pfeffern und salzen und von beiden Seiten mit Zitronensaft beträufeln.

2 In einer großen Pfanne die Butter mit dem Öl erhitzen und die gewürfelte Zwiebel sowie die in Streifen geschnittenen oder geraspelten Gemüse beifügen.

3 Bevor alles bräunt, mit Wein oder Sekt ablöschen und so viel auffüllen, daß das Gemüse knapp bedeckt ist.

4 In diesem Sud wird das Gemüse ca. 7 Min. knapp gar gekocht.

5 Sodann den Sud mit Sahne verlängern, Pfefferkörner dazu (einige Körner zuvor mit der Gabel zerdrücken) und mit Pfeffer, Salz und Zitronensaft abschmecken.

6 Zuletzt den Fisch in die Sauce geben und bei mäßiger Hitze und geschlossener Pfanne ca. 5 – 6 Min. von jeder Seite ziehen und garen lassen.

7 Vor dem Servieren gehackte Petersilie über das Gericht streuen. Fertig!

von Rechtsanwältin Elke H. Braun, Asbach

Tip: *Statt mit Lachs läßt sich das Rezept auch mit Zanderfilets zubereiten.*

Empfehlung: *Dazu passen Reis oder grüne Nudeln, Weißbrot und Salat der Saison und ein trockener Weißwein (z.B. Riesling oder grauer Burgunder).*

Guten Appetit!

Roter Fisch

von Rechtsanwalt
Eckhard Finke,
Bad Kreuznach

Zutaten:

700 g Fischfilet
Essig
Salz
Margarine
3 Zwiebeln
2 Paprikaschoten
8 – 10 Tomaten
Tomatenmark
Pfeffer
Salz
Basilikum
Zucker
Reibekäse
Paniermehl
Butter

Zubereitung:

1 Das Fischfilet kleinschneiden und mit Essig beträufeln. Evtl. etwas Salz.

2 Eine flache Auflaufform mit Margarine fetten und den Fisch darauflegen.

3 Die Zwiebeln und die Paprikaschoten sehr klein würfeln und in einem Topf anbraten. Nicht ganz so klein gewürfelte Tomaten dazugeben und das Ganze mit Tomatenmark, Pfeffer, Salz, Basilikum und Zucker abschmecken.

4 Die Sauce über den Fisch geben.

5 Reibekäse mit Paniermehl vermischt darüberstreuen.

6 Zum Schluß Butterstückchen aufsetzen und das Ganze etwa 20 – 25 Min. im vorgeheizten Backofen backen.

Kabeljau im grünen Mantel

von Rechtsanwalt
Gerhard Opitz,
Ober-Olm

Zutaten:

1 kg Kabeljau oder 600 g Kabeljaufilet
2 große Bund Petersilie
100 ml Sahne
1 Ei
Noilly Prat
Pfeffer, Salz
3 rote Paprikaschoten
Schalotten
1 Knoblauchzehe
Fischbrühe
Crème Fraîche
300 g Kaiserschoten oder Haricots Verts
500 g kleine Kartoffeln
Butter
Alu-Folie

Zubereitung:

1 Fisch filieren, ca. 1/3 des Filets im Mixer mit der Petersilie pürieren, Sahne, Eiweiß und Noilly Prat dazugeben, glatt pürieren, mit Pfeffer und Salz abschmecken.

2 Alu-Folie gut verschließen, über Wasserdampf ca. 20 – 30 Min. dämpfen.

3 Paprika in Stückchen schneiden, Zwiebeln und Knoblauch auch. Zwiebeln und Knoblauch kurz anschwitzen, Paprika dazugeben, andünsten lassen, mit Fischfond auffüllen, ca. 20 Min. köcheln lassen.

4 Im Mixer pürieren, evtl. mit Crème Fraîche, Pfeffer und Salz abschmecken.

5 Kaiserschoten oder Haricots Verts in kochendem Salzwasser kurz garen.

6 Kartoffeln als Salzkartoffeln garen.

7 Sauce als Spiegel gießen, Fisch einmal zerteilen, mit Kartoffeln und Gemüse servieren.

Seezungenspiralen in Wermutschaum

von Rechtsanwältin Marga Buschbell-Steeger, Koblenz, Geschäftsführerin der Rechtsanwaltskammer Koblenz

Zutaten:

600 g möglichst kleine, aber unbedingt gleich große Seezungenfilets
Saft einer Zitrone
weißer Pfeffer aus der Mühle
Salz
1 Schalotte
1/8 l sehr trockener Wermut
200 ml Fischfond
150 ml trockener Weißwein
1/2 Becher süße Sahne
100 g eiskalte Butter

Zubereitung:

1 Ofen auf 50°C vorheizen.

2 Die Fischfilets abspülen, trockentupfen und dem Faserverlauf folgend der Länge nach halbieren. Beidseitig mit wenig Zitronensaft beträufeln und ganz leicht pfeffern und salzen.

3 Die Schalotte schälen, sehr fein würfeln und mit 6 cl Wermut, dem Fischfond und 100 ml Weißwein in einem schmalen Topf aufkochen.

4 Portionsweise ein paar Filetstreifen in den kochenden Fond legen und den Topf sofort vom Herd nehmen. Die Filets 1 Min. ziehen lassen, wobei sie sich spiralartig zusammenziehen. Mit einem Schaumlöffel herausnehmen und den Fond wieder aufkochen.

5 Die gegarten (aber noch leicht glasigen) Spiralen mit etwas Fond beträufeln und zugedeckt in den vorgeheizten Ofen stellen.

6 Die anderen Filetstreifen auf dieselbe Weise garen und warmstellen.

7 Den Garfond in eine Kasserolle gießen. Den übrigen Wermut und Wein zufügen und alles um die Hälfte einkochen lassen.

8 Die Sahne hineingeben, wieder auf die Hälfte einkochen, pfeffern, salzen und durch ein Sieb passieren.

9 Die Sauce erhitzen, die kalte Butter in Flöckchen einstreuen und die Sauce dabei mit dem Mixstab schaumig aufschlagen. Mit einem Spritzer Zitronensaft, Pfeffer und Salz abschmecken.

10 Die Seezungenfilets auf vorgewärmten Tellern anrichten und mit Sauce umgießen.

Urlaub am Meer
Seezungenfilet

von Rechtsanwalt JR Hermann Schmitt, Trier, Mitglied des Vorstandes der Rechtsanwaltskammer Koblenz

Zutaten:
4 Seezungenfilets
Zitronensaft
Pfeffer aus der Mühle
Salz
Kräuter der Provence
Mehl
Eigelb
Semmelbrösel
Biskin-Spezial
Butter

Zubereitung:
1 Die Seezungenfilets waschen, abtropfen, mit Zitronensaft beträufeln, mit Pfeffer aus der Mühle, Salz und wenig Kräutern der Provence würzen, etwas mit Mehl bestäuben, danach im Eigelb wenden und mit Semmelbröseln panieren.

2 In Biskin-Spezial und 1 Stück Butter jeweils 3 – 4 Min. von beiden Seiten bräunen.

Krabben mit 2 Saucen

Zutaten:
Krabben
Zitronensaft
Pfeffer aus der Mühle
Salz
etwas Cognac

Für die Tomaten-Sauce:
2 – 3 EL Hellmann's oder Miracel Whip
Special Heinz-Ketchup
Zitronensaft von einer Zitrone
Pfeffer aus der Mühle
Salz
Cognac nach Geschmack
1 – 3 Knoblauchzehen nach Geschmack

Für die Curry-Sauce:
3 – 5 EL Hellmann's oder Miracel Whip
3 EL Apfelmus (Bassermann)
3 EL Currypulver (nach Geschmack)
wenig Zitronensaft
Pfeffer aus der Mühle
Salz

Zubereitung:
1 Krabben gut abspülen, abtropfen lassen und mit Zitronensaft beträufeln, Pfeffer aus der Mühle und Salz; etwas Cognac; ziehen lassen.

2 Krabben auf Teller anrichten sowie geräucherten Lachs. Warme Seezungenfilets auf Toastecken garnieren und dazutun. Von beiden Saucen ein wenig auf den Teller dazugeben.

Empfehlung: *Dazu Lachs (geräuchert oder in Folie).*

Fleisch

Grafenpfanne

»Dies ist mein Lieblingsgericht. Eigentlich wollte ich es niemandem verraten.«

Zutaten:

(für 4 Personen)

500 g gut abgehangenes Rinderfilet
2 Zwiebeln
125 g magerer Räucherspeck
2 rote eingelegte Paprikaschoten
etwas Butter
2 Likörgläser Weinbrand
1 Tasse geschnittene Champignons
$^{1}/_{4}$ l frische Sahne
1 Eigelb
1 Löffelspitze Speisestärke
Salz

Zubereitung:

1 Das Fleisch in 2 cm große Würfel schneiden. Die Zwiebeln und den Speck würfeln, die Paprikaschoten in Streifen schneiden.

2 Die Butter in einer flachen Pfanne erhitzen, die Fleischwürfel darin 2 – 3 Min. braten und dabei öfter wenden. Dann mit dem Weinbrand übergießen, anzünden und abbrennen lassen.

3 Die Fleischwürfel aus dem Fond heben und beiseite stellen. Schnell Speck und Zwiebeln hellbraun rösten.

4 Dann Champignons und Paprikastreifen hinzufügen, schnell Sahne, Eigelb und Speisestärke verquirlen, dazurühren und einmal aufkochen.

5 Mit Salz abschmecken.

6 Die Fleischwürfel in die Sauce geben, kurz verrühren und erhitzen.

von Rechtsanwalt Dr. Hans-Gert Dhonau, Bad Sobernheim, Mitglied des Präsidiums der Rechtsanwaltskammer Koblenz

Empfehlung: *Dazu Gemüsesalat, Vollkornbrot und Butter servieren. Als Getränk: Französischer Rotwein und nach dem Essen Underberg.*

Pikante Grillsauce

zum Verfeinern von Grillfleisch auf dem Holzkohlengrill

von Rechtsanwalt Günther Beger, Bad Kreuznach, Mitglied des Vorstandes der Rechtsanwaltskammer Koblenz

Zutaten:

gutes Pflanzenkeimöl
als Grundlage
Tomatenmark
(nicht Ketchup)
nicht zu zähflüssiger
Bienenhonig
scharfer Senf
frisch gestoßener schwarzer
Pfeffer
Salz
Paprikapulver

Zubereitung:

Man rühre alle Zutaten sorgfältig auf, und zwar solange, bis sich alle Zutaten, insbesondere das Öl, mit dem schwierig zu vermischenden Tomatenmark verbunden haben und die Sauce sämig wird.

Die Grillsauce wird wie folgt verwendet:

1 Man lege das Grillgut zunächst ohne Sauce auf das Grillfeuer. Nach dem ersten Wenden des Grillguts bestreiche man nunmehr die schon angebräunte Oberseite mit der Sauce. Sobald das Grillgut dann erneut gedreht wird, wird die Sauce auf die andere Seite aufgetragen und kann so in das heiße Grillgut einziehen.

2 Man kann den Vorgang nach jedem Wenden des Grillguts wiederholen.

3 Das Grillgut erhält eine ansprechende Farbe und einen pikanten, angenehmen Geschmack.

Tip: *Die Grillsauce kann im verschlossenen Behälter (Marmeladenglas) im Kühlschrank mehrere Wochen aufbewahrt werden, muß dann aber erneut sorgfältig aufgerührt werden. Sie kann auch mit den gleichen Zutaten dann nochmals verlängert werden.*

Gekochter Tafelspitz mit warmer Rettichsauce

Zutaten:

(für 4 – 6 Personen)
1.250 g Tafelspitz
2 1/2 l Wasser
Salz
1 Stange Lauch
1 Sellerieknolle
etwas Petersilienwurzel
2 Möhren
1 dicke Zwiebel

Zubereitung:

1 Fleisch kalt abspülen, Wasser in einem großen Topf aufkochen, salzen, Fleisch hineingeben, aufkochen, abschäumen.

2 Im geschlossenen Topf 2 Std. bei geringer Hitze sieden bis kochen lassen.

3 Suppengrün putzen und waschen; entweder in gleichmäßige Stücke schneiden oder im Ganzen bündeln. Suppengrün erst 30 Min. vor Ende der Garzeit zum Fleisch geben. Fleisch aus der Brühe nehmen, mit dem Suppengrün garnieren und in Scheiben geschnitten heiß anrichten.

Empfehlung: *Dazu Salzkartoffeln und Lauchgemüse reichen.*

von Rechtsanwalt JR Werner Hanhart, Koblenz, ehemaliges Mitglied des Vorstandes der Rechtsanwaltskammer Koblenz

Warme Rettichsauce

Zutaten:

3/4 l Rinderbrühe (vom gekochten Tafelspitz)
1/4 l Wasser
40 g Margarine
1 TL Salz
3 EL Mehl
1 Becher süße Sahne
1 – 2 EL Meerettich aus dem Glas
1 Eigelb
2 – 3 EL Weißwein

Zubereitung:

1 Rinderbrühe und Wasser vermischen und erhitzen, zur Seite stellen.

2 Fett im Topf zergehen lassen, Mehl einrühren und anschwitzen und mit der Brühe unter ständigem Rühren garen lassen.

3 Die Hälfte der süßen Sahne zugießen, bei geringer Wärme kurz ziehen lassen, Rettich unterrühren, Eigelb mit der restlichen süßen Sahne verrühren und damit die Sauce legieren, mit Wein abschmecken und zum Tafelspitz servieren.

Vitello al latte (Kalbfleisch, in Milch geschmort)

Ein Rezept, das auf den ersten Blick befremden mag, aber eines der schönsten Gerichte der Toskana! Man sollte es stets für mindestens 6 Personen zubereiten.

von Rechtsanwalt Arno Schubach, Koblenz

Zutaten:

(für 6 Personen)

1 kg Kalbsschulter
3 Knoblauchzehen
120 g Butter
1 Glas Weinessig
$^3/_4$ l Milch
Salz

Zubereitung:

1 Die Kalbsschulter zuerst von allen Sehnen und Flachsen befreien. Die Knoblauchzehen sehr fein hacken und die Schulter rundum damit einreiben.

2 In einem Topf, der gerade eben das Fleisch aufnimmt, die Butter zerlassen. Das Fleisch von allen Seiten bei außerordentlich milder Hitze anbraten – doch darf es dabei nur sehr leicht bräunen und der Knoblauch nicht rösten. Dann den Essig seitlich angießen und erhitzen. Ganz leise köchelnd soll er unter häufigem Wenden des Fleisches fast vollkommen verdampfen. Jetzt erst die Milch zufügen. Salzen, den Topf zudecken und in den Ofen schieben. Alles bei sehr milder Hitze (etwa 175°C) 4 Std. schmoren lassen. Dann das Fleisch aus dem Topf heben und in Scheiben schneiden.

3 Währenddessen die Sauce einkochen; dann mit dem Mixstab oder im Mixer ganz glatt pürieren. Das Fleisch auf einer vorgewärmten Platte anrichten und die Sauce durch ein Sieb darübergießen.

Tip: *Nach Belieben den Essig durch Wein und die Hälfte der Milch durch Kalbsbrühe ersetzen. Und zur besseren Bindung der Sauce dann einen Kalbsfuß neben den Braten legen.*

Empfehlung: *Das Fleischgericht wird im allgemeinen mit gekochtem, nur in Butter geschwenktem Gemüse – von Broccoli über Möhren bis zu Zwiebelchen ist alles möglich – und neuen Kartoffeln serviert. Getränk: leichter, junger Chianti.*

Rouladen »Pfälzer Art«

von Rechtsanwalt Dr. Mathias Grünthaler, Koblenz

Zutaten:

2 Rouladen (Kalbfleisch)
Pfeffer
Salz
1 zwei-Finger-dicke Scheibe Kalbsleberwurst
4 Frühlingszwiebeln
3 EL milder Dijon-Senf
4 EL Crème Fraîche
$^1/_8$ l Mineralwasser
Zucker

Zubereitung:

1 Rouladen mit Pfeffer und Salz würzen und mit der Leberwurst bestreichen. Frühlingszwiebeln auf Rouladenbreite kürzen und einrollen. Von allen Seiten gut anbraten, dann ca. 5 Min. weiter garen, aus der Pfanne nehmen und warm stellen.

2 In die Pfanne den milden Dijon-Senf, die Crème Fraîche sowie $^1/_8$ l Mineralwasser geben, mit dem Schneebesen verrühren und aufkochen lassen. Mit Pfeffer, Salz und einer kräftigen Prise braunem Zucker abschmecken. Rouladen in die Sauce legen und vor dem Servieren noch etwas ziehen lassen.

Empfehlung: *Dazu passen am besten Basmati-Reis mit Frühlingszwiebeln und ein kräftiger Pfälzer Riesling.*

Gratinierte Hackfleischrouladen

von Rechtsanwalt Anton Braun, Bonn, Hauptgeschäftsführer der Bundesrechtsanwaltskammer, Bonn

Zutaten:

(für 4 Personen)

1 Röhrchen Kapern
400 g Rindergehacktes
weißer Pfeffer
Salz
1 Ei
2 EL Kartoffelmehl
2 EL feingeschnittener Lauch
gut 1/8 l Milch
8 Scheiben magerer, durchwachsener Speck
2 EL Öl
2 EL geriebener Edamer Käse
2 Tomaten

Zubereitung:

1 Abgetropfte Kapern feinhacken. Zum Gehackten in eine Schüssel geben. Dazu Pfeffer, Salz, Ei, Kartoffelmehl und Lauch. Zu einem Fleischteig mischen. Nach und nach die Milch zugeben.

2 8 Rouladen formen. Jede mit einer Scheibe Speck umwickeln. Öl in einer feuerfesten Form erhitzen. Rouladen darin rundherum braun braten. Mit dem Käse bestreuen.

3 Tomaten waschen und achteln. Zwischen die Rouladen legen. Im vorgeheizten Ofen auf der zweitobersten Schiene 10 Min. überbacken (gratinieren).

Elektroherd: 225°C; Gasherd: Stufe 4.

Empfehlung: *Dazu passen Kopfsalat und Kartoffelpüree.*

Kalbsröllchen

von Rechtsanwältin Marga Buschbell-Steeger, Geschäftsführerin der Rechtsanwaltskammer Koblenz

Zutaten:

4 dünne Kalbsschnitzel
(je 100 g)
2 kleine Bratwürstchen
2 Hähnchenleber
2 Knoblauchzehen
1 Bund glatte Petersilie
2 EL frisch geriebener Parmesan
2 Eigelb
Pfeffer aus der Mühle
8 – 10 frische Salbeiblätter
50 g durchwachsener Speck in dünnen Streifen
Mehl zum Bestäuben
50 g Butter
Salz
1/8 l Weißwein
1/8 l Fleischbrühe

Zubereitung:

1 Schnitzel sehr dünn klopfen. Bratwürstchen enthäuten, die Fülle verkleinern und in eine Schüssel geben.

2 Für die Füllung die Hühnerleber feinhacken. Die Knoblauchzehen abziehen und durchpressen, Petersilie feinhacken. Alles zum Brät geben, den Parmesan und die Eigelb hinzufügen. Gründlich mischen, aus der Mühle pfeffern.

3 Paste gleichmäßig auf die Schnitzel streichen, aufrollen. Mit jeweils 1 Salbeiblatt belegen, mit Speckstreifen umwickeln und mit Spießchen feststecken.

4 Rouladen dünn mit Mehl bestäuben. In einer Pfanne die Butter erhitzen, Fleischröllchen darin unter Wenden goldbraun braten, salzen und den Weißwein angießen, etwa zur Hälfte eindampfen lassen.

5 Die Brühe zugießen, zugedeckt bei schwacher Hitze 20 Min. schmoren. Nach 10 Min. jedes Röllchen mit einem weiteren Salbeiblatt belegen.

6 Röllchen herausnehmen, warm stellen. Die Sauce nochmals kräftig durchköcheln, abschmecken und zum Fleisch servieren.

Trierer Sauerbratenschüssel

von Rechtsanwalt Alfons Roeder, Trier, Mitglied des Vorstandes der Rechtsanwaltskammer Koblenz

Zutaten:

1 1/2 kg Rinderbraten (früher Pferdefleisch)
Pfeffer
Salz
60 g Fett zum Braten
Zucker
etwas Lebkuchen oder angerührtes Mehl zum Andicken
evtl. einige Spritzer Maggi
Butter

Für die Marinade:
1/2 l Weinessig
1/4 l Wasser
2 dicke Zwiebeln, in Scheiben geschnitten
2 Scheiben Zitronen
einige Pfefferkörner
4 Nelken
2 Lorbeerblätter
6 Wacholderbeeren
1 TL Salz
1 TL Zucker
1 Zwiebel
50 g Rosinen

Zubereitung:

1 Den Rinderbraten 3 – 4 Tage in die Marinade einlegen und täglich wenden. Danach trockentupfen, mit Pfeffer und Salz tüchtig einreiben und in heißem Fett kräftig anbraten, mit Wasser ablöschen und mit den Zwiebelscheiben aus der Marinade anreichern. 1 Prise Zucker zugeben und den Braten 1/2 Std. gut schmoren lassen.

2 Kurz vor dem Garwerden den Lebkuchen hineinbröckeln und so gut aufquellen lassen, daß er die Sauce bindet. Wer den Lebkuchengeschmack nicht mag, rührt verquirltes Mehl an den fertigen Braten und würzt dann mit Pfeffer, Salz, Maggi, Zucker und evtl. etwas Marinade nach.

3 Eine Auflaufform wird gebuttert, der Rand wird mit Kartoffelklößen umlegt. In der Mitte legt man fächerförmig den in Scheiben geschnittenen Braten und übergießt ihn mit Sauce. Man stellt die Schüssel für 20 Min. in den Backofen und überbackt das Ganze noch einmal.

Empfehlung: *Dazu reicht man Apfelkompott.*

Kasseler mit Bananen (überbacken)

von Rechtsanwältin Maria Rinkens, Vallendar

Zutaten:

(für 4 Personen)
800 – 1.000 g Kasseler (Lummer, Nacken)
4 Bananen
2 Becher süße Sahne
2 EL Tomatenmark (3-fach konzentriert)
Käse (Gouda) in Scheiben zum Überbacken

Zubereitung:

1 Kasseler in Wasser bedeckt weichkochen (je nach Menge 1 – 1 1/2 Pfund Fleisch in kochendes Wasser geben). Etwas abkühlen lassen und in Scheiben schneiden (ca. 1 1/2 cm dick).

2 Die Scheiben in eine gefettete Auflaufform legen. Darauf die halben Bananen legen (je Scheibe 1 Banane). Sahne und Tomatenmark verrühren und über das Fleisch und die Bananen gießen. Mit Käse überdecken und ca. 30 Min. bei 200°C überbacken (mittlere Schiene, aber eine darunter).

Tip: *Falls mehr Sauce gewünscht wird, einfach mehr Sahne mit entsprechend Tomatenmark verrühren. Bei größerer Personenzahl eignet sich auch die gefettete Fleischpfanne des Backofens.*

Bei Besuch kann das Fleisch vorher gekocht, geschnitten und in die Form gegeben werden. Dann müssen später die Bananen, die Sauce und der Käse darübergegeben werden.

Wenig Arbeit und wenig Abwasch!

Empfehlung: *Als Beilagen Reis (sehr gut Vollkornreis, muß länger gekocht werden), grüner Salat.*

Schweinefleisch süß-sauer

von Rechtsanwalt JR Friedrich Jansen, Neuwied, Präsidiumsmitglied der Rechtsanwaltskammer Koblenz, Mitglied des Vorstandes des Deutschen Anwaltsvereins

Zutaten:

(für 4 Personen)

500 g Schweinefilet
1 TL Fünf-Gewürz-Pulver
Pfeffer aus der Mühle
Salz
1 Ei
4 EL Speisestärke
3 – 4 EL Sojaöl
1 Zwiebel
je 1 rote und grüne Paprikaschote
4 Scheiben Ananas
1 Tasse chinesische Chilisauce
1 Tasse Gemüsebrühe
1 Schuß Reiswein
4 EL Sojasauce
2 – 3 EL Honig
1 – 2 EL Hoisin-Sauce
1 Bund Schnittlauch

Zubereitung:

1 Das Schweinefilet waschen, in mundgerechte Würfel oder Scheibchen schneiden, mit Fünf-Gewürz-Pulver, Pfeffer und Salz würzen.

2 Das Ei verschlagen, mit der Speisestärke zum Fleisch geben und alles gut miteinander vermischen.

3 Das Sojaöl im Wok erhitzen und das Fleisch darin unter ständigem Rühren braten, herausnehmen und bereitstellen.

4 Die Zwiebel und die Paprikaschoten putzen, in mundgerechte Stücke schneiden, ins Bratfett geben und unter ständigem Rühren braten.

5 Die Ananasscheiben würfeln, mit der Chilisauce, der Gemüsebrühe und dem Reiswein, der Sojasauce, dem Honig und der Hoisin-Sauce zum Gemüse geben und alles zusammen erhitzen.

6 Das Fleisch unterheben, nochmals erhitzen, abschmecken, anrichten, mit frisch geschnittenem Schnittlauch bestreuen, ausgarnieren und servieren.

Wild

WIR EMPFEHLEN: WILD AUS EIGENER JAGD.
DANN ZEIGEN SIE UNS DOCH BITTE MAL IHREN JAGD-SCHEIN!
© MOE

Lapin au lard (Kaninchen mit Speck)

Wenn Kochen zur Pflicht wird, ist es eine Last. Eine Freude dagegen ist es, mit Muße eigenen Ideen zu folgen, Neuheiten zu wagen und seiner Phantasie freien Lauf zu lassen. Eine andere Art wiederum ist es, auf literarischen Spuren nachzulesen, sozusagen nachzukochen. Eine Fundgrube solcher Kochspurensuche ist Prousts »Auf der Suche nach der verlorenen Zeit«.

»Das Vergnügen allein zu sein und für sich zu kochen«, schreibt er in einem seiner Notizbücher. Der Schriftsteller Marcelle Proust gibt sich mit Vergnügen seiner Neigung hin, für Wörter und Sätze, auch in den Werken anderer, »so wie ein Koch, der einmal nicht selber kochen muß, endlich Zeit findet, Schlemmer zu sein«.

Seien wir Koch und Schlemmer zugleich.

Hier nun ein nachgekochtes Gericht aus den Schilderungen Prousts:

von Rechtsanwalt JR Dr. Norbert Westenberger, Mainz, Präsident der Rechtsanwaltskammer Koblenz

Zutaten:

1 Kaninchen (ca. 1 $^1/_3$ - 1 $^1/_2$ kg)
200 g geräucherter Speck
600 – 700 g Kartoffeln (festkochend)
1 EL Öl
150 g gehackte Zwiebeln
$^1/_4$ l trockener Weißwein
30 g gehackte Petersilie

Zubereitung:

1 Das Kaninchen wird in 8 Teile zerlegt. Den Speck in feine Würfel schneiden, mit etwas kaltem Wasser in einen kleinen Topf geben und zum Kochen bringen, die Speckwürfel dann in kaltem Wasser stehen lassen. Kartoffeln schälen, in Würfel schneiden (ca. 2 x 2 cm) und in einem feuchten Tuch halten.

2 Die Kaninchenteile salzen. Das Öl in einem Schmortopf erhitzen, darin das Fleisch von allen Seiten anbraten. Sobald die Stücke Farbe angenommen haben, wieder herausnehmen, die Speckwürfel abtrocknen und hinzugeben. Sobald sie Farbe haben, herausnehmen und abtropfen lassen, am besten auf Küchenpapier.

3 Die Kartoffelwürfel in den Schmortopf geben, bräunen, herausnehmen und abtropfen lassen. Dann die Zwiebel in den Topf geben, anbraten (nicht zu stark), den Wein hinzugeben und durch Einkochen auf ca. $^1/_4$ reduzieren.

4 Die Kaninchenteile wieder in den Topf geben und mit so viel Wasser oder Fleischbrühe auffüllen, bis sie bedeckt sind. Zugedeckt bei mittlerer Temperatur ca. 20 Min. garen lassen. Dann Kartoffel- und Speckwürfel hinzufügen und weitere 15 Min. garen, gelegentlich vorsichtig umrühren. Sobald das Fleisch gar ist, mit Salz abschmecken.

5 Kaninchenteile auf einer vorgewärmten Platte mit der Sauce übergießen und die Kartoffeln drumherum garnieren. Mit der gehackten Petersilie überstreuen und auftragen.

Wildschwein in Morchelrahm

von Rechtsanwältin Elke H. Braun, Asbach

Zutaten:

(für 2 – 4 Personen)
Keule oder Blatt vom Wildschwein, je nach Größe ausreichend für 2 – 4 Personen
Pfeffer aus der Mühle
Salz
Butterschmalz
ca. 1 EL Thymian
ca. 7 – 10 Wacholderbeeren
1 – 2 Lorbeerblätter
2 Zwiebeln
1 Möhre
1 Knoblauchzehe (grob zerhackt)
20 – 25 g Morcheln (getrocknet)
ca. 1/4 l Rotwein
ca. 1/4 l süße Sahne und Crème Fraîche
ca. 1/4 l gekörnte Brühe
evtl. etwas Speisestärke, wie z.B. Mondamin
ca. 1 EL gehackte Petersilie
(frisch oder gefroren)

Zubereitung:

1 Das Fleisch unter kaltem Wasser abwaschen, mit Küchenpapier trockentupfen und mit Pfeffer und Salz würzen.
In Butterschmalz rundherum goldbraun anbraten und anschließend das Gemüse, die Gewürze und den Knoblauch beifügen.

2 Sobald alles Farbe bekommt, vom Herd nehmen und in die mittlere Schiene des vorgeheizten Backofens schieben (180°C bis max. 200°C).

3 Pro 1 1/2 bis 2 cm Fleischdicke ca. 1 Std. Garzeit rechnen.

4 In der Zwischenzeit die Morcheln gut unter fließendem Wasser waschen und in warmem Wasser einweichen.

5 Das Fleisch alle halbe Stunde mit etwas Brühe und/oder Wein übergießen.

6 Ist das Fleisch gar (Gabelprobe machen), wird es aus dem Bräter genommen und warm gestellt. Den Sud im Bräter aufkochen, mit etwas Brühe, Wein und Sahne verlängern, mit Pfeffer und Salz abschmekken und durch ein Sieb passieren.

7 Dann werden die Morcheln mit dem Einweichwasser hinzu gegeben.

8 Alles nochmals kurz erhitzen und mit Crème Fraîche oder (falls erforderlich) mit wenig Speisestärke binden.

9 Das Fleisch auf vorgewärmter Platte anrichten, etwas von der Morchelsauce darübergeben und die Sauce kurz vor dem Servieren mit etwas gehackter Petersilie bestreuen. Bandnudeln und Feldsalat dazu reichen und Preiselbeeren nicht vergessen.

***Empfehlung:** Dazu paßt ein trockener Pfälzer Rotwein, z.B. Spätburgunder trocken.*

Rehrücken mit Sauce

von Rechtsanwältin Alice Vollmari, Mainz, Mitglied des Vorstandes der Rechtsanwaltskammer Koblenz

Zutaten:

1 schöner Rehrücken, küchenfertig
(ca. 1 ½ kg; frisches Rehfleisch gibt es im Wildfachhandel ab Mitte Mai)
50 g getrocknete Steinpilze (oder frische)
1 großes Stück Knollensellerie
1 – 2 Stangen Lauch
4 – 5 Möhren
4 – 5 Zwiebeln
5 EL Olivenöl
1 TL getrockneter Thymian
2 Lorbeerblätter
10 Wacholderbeeren
1 Glas Wildfond
2 EL eingemachte Preiselbeeren oder Johannisbeergelee
Rotwein nach Belieben
Pfeffer
Salz
1 Becher Crème Fraîche
4 EL Butter

Zubereitung:

1 Rehrücken abspülen, trocknen. Evtl. noch anhaftende Haut und Sehnen entfernen, dabei das Messer dicht unter der Haut entlangführen, damit möglichst wenig Fleisch abgeschnitten wird. Zugedeckt in den Kühlschrank stellen. Die Steinpilze in etwas warmem Wasser 2 Std. einweichen.

2 Sellerie, Lauch und Möhren putzen, Zwiebeln pellen und alles in kleine Würfel schneiden. In einem Bräter das Öl sehr heiß werden lassen, darin die Gemüsewürfel anbraten, bis alles leicht angebräunt ist. Thymian, Lorbeerblätter und zerdrückte Wacholderbeeren dazugeben, mit dem Fond ablöschen und Preiselbeeren (oder Johannisbeergelee) und Wein nach Geschmack dazugeben. Das Ganze aufkochen lassen und gut 1 Std. leise köcheln lassen. Dann die Sauce durch ein Sieb streichen, die Rückstände kräftig ausdrücken.

3 Backofen auf 200°C vorheizen. Den Rehrücken pfeffern und salzen, in einem großen Bräter in Butter auf der Fleischseite scharf anbraten, dann die fertige Sauce und ein wenig Einweichwasser der Pilze (vorsichtig vom sandigen Bodensatz abgießen) zugeben. Den Becher Crème Fraîche auf dem Rehrücken und in der Sauce verteilen und die Steinpilze (frische, geputzt und in Scheiben geschnitten) dazugeben. Den Bräter in den heißen Ofen schieben und etwa 30 Min. braten. Das Fleisch ist dann noch rosa. Wenn es durch sein soll: 10 – 15 Min. länger braten (Wildfleisch sollte stets durchgebraten sein, da es Bakterien enthalten kann).

4 Zum Tranchieren den Rehrücken längs des Rückgrats auf beiden Seiten einschneiden, Fleischstränge von den Rippen ablösen und schräg in Scheiben schneiden. Das Fleisch zu seiner ursprünglichen Form wieder am Knochen zusammensetzen, auf einer Platte anrichten. Die Sauce (evtl. noch etwas einkochen lassen) extra dazu servieren.

Empfehlung: *Dazu einen guten Rotwein, einen Côtes du Rhône, einen ordentlichen Italiener oder einen fränkischen Domina (die Rebsorte heißt so).*

Rehrücken

von Rechtsanwältin Bärbel Rüll, Ransbach-Baumbach

Zutaten:

1 Rehrücken
Pfeffer
Salz
Kräuter der Provence
1/8 l Rotwein
1 Dose Pfifferlinge
1 Becher Sahne

Zubereitung:

1 Das Fleisch aus dem Knochen lösen und kurz in der Pfanne rundum anbraten. Die Pfanne beiseite stellen, der Bratensaft wird noch gebraucht.

2 Das angebratene Fleisch mit Pfeffer, Salz und Kräutern (z.B. Kräutern der Provence) würzen, in eine feuerfeste Form legen und bei 80 – 100°C im Backofen ca. 1 Std. braten. Danach das Fleisch kurz in Alufolie im Backofen warm halten.

3 Den Bratensaft aus der Auflaufform in die Pfanne mit dem Bratensaft vom Anbraten geben, mit Pfeffer, Salz, Rotwein und Kräutern nachwürzen, den Bratensaft aufkochen lassen, die Dose Pfifferlinge hinzufügen, weiterkochen, bis die Pfifferlinge heiß sind, einen Becher Sahne zufügen, kurz aufkochen.

4 Die fertige Sauce wieder in die Auflaufform füllen, das Fleisch darin anrichten und nochmals für 5 Min. in den warmen Backofen schieben.

Empfehlung: *Einen bunten Salat oder frischen Spinat mit Knoblauchbutter dazu reichen.*

Aufläufe
pikante Kuchen
pikantes Gebäck

Sauerkrautauflauf
Das rustikale Anwaltsgericht

Zutaten:
(für 4 Personen)
2 kg Kartoffeln
Milch
1 große Dose Sauerkraut
1 Zwiebel
1 Pfund Pfälzer Hausmacher-Leberwurst in Scheiben
Butterflöckchen

Zubereitung:
1 Kartoffeln als Salzkartoffeln garen, stampfen und mit heißer Milch zu Püree schlagen (mit dem Schneebesen, nicht mit dem Rührgerät).

2 Sauerkraut mit feingehackter Zwiebel garen und etwas abkühlen lassen.

3 Form fetten und im Wechsel Püree, Sauerkraut und Leberwurstscheiben einschichten (oberste Schicht: Püree). Mit Butterflöckchen belegen.

4 Ca. 40 Min. backen bei 180°C, Heißluft 160°C.

von Rechtsanwalt JR Dieter Hess, Koblenz, Präsident des Anwaltsgerichtshofs Rheinland-Pfalz, Vorsitzender der Arbeitsgemeinschaft der Präsidenten der Anwaltsgerichtshöfe im Bundesgebiet

Schwäbischer Zwiebelkuchen

»Da ich leider in der Küche ein Fremdling bin, übermittle ich ein Rezept, das meine Ehefrau gerne benutzt und mir – als schwäbischem Abkömmling – im Herbst gut mundet, besonders mit einem jungen, spritzigen Wein.″

Zutaten:
Für den Hefeteig:
500 g Mehl
2 Eier
100 g Butter
1 Prise Salz
$^1/_8$ l Milch
30 g Hefe
Für die Füllung:
2 kg Zwiebeln (Gemüsezwiebeln)
50 – 100 g Schinkenspeck, geschnitten
$^1/_4$ l saure Sahne
4 Eier
40 g Mehl
1 Prise Kümmel
1 Prise Salz

Zubereitung:
1 Die Zutaten für den Hefeteig miteinander verrühren und an warmer Stelle ca. 30 Min. gehen lassen.

2 Die Zwiebeln in Scheiben schneiden und mit dem Fell weich dünsten, ohne daß sie Farbe annehmen.

3 Die Speckwürfel kurz anbraten und mit der sauren Sahne, den Eiern, dem Mehl, dem Kümmel und dem Salz verrühren und das Ganze mit den Zwiebeln vermengen.

4 Den Hefeteig ausrollen und auf ein gebuttertes Kuchenblech legen.

5 Nun die Füllmasse gleichmäßig über den Teig verteilen und im Backofen bei 220°C ca. 1 Std. goldgelb backen.

von Rechtsanwalt JR Dr. Karl Eichele, Koblenz, Vizepräsident der Rechtsanwaltskammer Koblenz

Käsegebäck

von Rechtsanwalt
Winfried Rohmann,
Trier

Zutaten:

250 g Butter
250 g geriebener echter Schweizer Käse
250 g Mehl
1 Ei
1 Prise Salz
1/2 Päckchen Backpulver
2 – 4 Eigelb

Zubereitung:

1 Alles außer den Eigelb und etwas Mehl für das Ausrollen gut verkneten und über Nacht im Kühlschrank aufbewahren.

2 Später den Teig portionsweise dünn ausrollen, Plätzchen mundgerecht ausschneiden, mit Eigelb bestreichen und wahlweise mit Mandelhälften belegen, mit Kümmel, Paprika etc. bestreuen.

3 Bei 200°C etwa 10 Min. ausbacken.

Empfehlung: *Das Käsegebäck paßt hervorragend zu klaren Suppen, zu Wein und Bier oder einfach so!*

Quiche mit Ziegenfrischkäse

von Rechtsanwalt
Wolfgang Fensch,
Koblenz

Zutaten:

1 Paket Blätterteig
200 g Ziegenfrischkäse
2 Eier
100 g Crème Fraîche
1 Löffel Thymian, möglichst frisch
einige Basilikumblätter
Pfeffer
Salz
Zwiebeln
750 g Kirschtomaten
Olivenöl

Zubereitung:

1 Den aufgetauten Blätterteig ausrollen und in die mit Wasser ausgespülte Tarteform auslegen, am Rand geradeschneiden, den Teig mit der Gabel mehrmals einstechen.

2 Den Ziegenfrischkäse, die Eier und die Crème Fraîche glattrühren. Gewürze daruntermischen. Masse auf den Teig geben. Zwiebelringe und halbierte oder je nach Wunsch in Scheiben geschnittene Tomaten auf die Käsemasse legen, mit etwas Olivenöl beträufeln.

3 Im vorgeheizten Backofen 20 – 30 Min. bei 210°C backen.

Quiche Lorraine

Zutaten:

(für 4 – 6 Personen)

Für den Teig:

100 g Butter oder Margarine
200 g Mehl
ca. 1/5 cl kaltes Wasser

Für den Belag:

100 g magerer roher Schinken in dünnen Scheiben
3 Eier
200 ml süße Sahne
100 g geriebener Emmentaler
Pfeffer
Salz

Zubereitung:

1 Aus Butter, Mehl und Wasser einen glatten Teig kneten und 1 – 2 Std. kalt stellen.

2 Eine Springform 26 cm mit Backpapier auslegen und mit dem ausgerollten Teig belegen. Teig mit Gabel mehrfach einstechen. Schinkenscheiben auf dem Teig verteilen und ca. 10 Min. bei 200°C vorbacken.

3 Inzwischen mit dem Handmixer die Eier und die Sahne verquirlen und den Käse zufügen. Mit Pfeffer und Salz pikant abschmecken und auf dem vorgebackenen Teig verteilen. Ca. 20 – 25 Min. weiterbacken. Oberfläche sollte leicht gebräunt sein.

Empfehlung: *Mit grünem oder gemischtem Salat servieren.*

von Rechtsanwalt JR Wilfried Schmitz, Mainz, Vorsitzender des 1. Senats des Anwaltsgerichtshofs Rheinland-Pfalz

Nachspeisen
Gebäck

Amaretto-Creme
Das süße Anwaltsgericht

Zutaten:
500 g Mascarpone
50 g Puderzucker
10 EL Amaretto
4 EL Espresso-Kaffee
650 g Kirschen
1 Päckchen Amaretti (italienische Mandelmakronen)

Zubereitung:
1 Den gekühlten Mascarpone mit Puderzucker und Amaretto schnell verrühren. Espresso untermischen. Die Masse in eine Schüssel füllen und kalt stellen.

2 Kirschen abtropfen lassen. Später als Rand auf die Crememasse geben, mit etwas Amaretto beträufeln. Obenauf mit den Mandelmakronen verzieren.

von Rechtsanwalt JR Dr. Dieter Hess, Koblenz, Präsident des Anwaltsgerichtshofs Rheinland-Pfalz, Vorsitzender der Arbeitsgemeinschaft der Präsidenten der Anwaltsgerichtshöfe im Bundesgebiet

Französische Birnentorte
»Justizratstorte«

»Diese Torte offerierte meine liebe Frau während meiner Amtszeit als Präsident der Rechtsanwaltskammer Koblenz den vom Ministerpräsidenten des Landes Rheinland-Pfalz neu ernannten Justizräten.«

Zutaten:
4 Birnen
Zitronensaft
Für den Teig:
250 g Mehl
150 g Butter
2 Eigelb
3 EL Zucker
Für den Guß:
150 g Butter
100 g Zucker
2 Eigelb
200 g Mandeln (gemahlen)

Zubereitung:
1 Die Birnen in Zitrone einlegen und in einer Wein-Zucker-Lösung kurz kochen oder 1 Dose Birnen im Sieb gut abtropfen lassen.

2 Teig machen. Im Kühlschrank etwas ruhen lassen. Eine Springform damit auslegen und am Rand hochziehen. 10 Min. bis 220°C vorbacken, dann Birnen aufgeben und Guß darübergeben.

3 Für den Guß Butter und Zucker auflösen. Vom Feuer nehmen und Eigelb und Mandeln unterheben.

4 Nochmals 20 Min. backen.

von Rechtsanwalt JR Dr. Günter Kern, Mainz, Ehrenpräsident der Rechtsanwaltskammer Koblenz

Birne mit 2 Saucen
(Sommerversion)

von Rechtsanwalt Dr. Hans-Albert Braunbeck, Mainz, Mitglied des 2. Senats des Anwaltsgerichtshofs Rheinland-Pfalz

Zutaten:

4 noch nicht ganz reife Birnen guter Qualität
1 Flasche trockener (nicht saurer!) Weißwein
ca. 250 g Zucker
1 Zimtstange
nach Belieben 2 cl Calvados
ca. 1/4 l pürierte Himbeeren, durch ein Sieb passiert, um die Kerne zu entfernen
ca. 150 g Zucker
nach Belieben gehackte Pistazienkerne

Zubereitung:

1 Die Birnen schälen, halbieren und entkernen.

2 Den Wein mit Zucker und Zimt aufkochen, die Birnen darin auf kleiner Flamme weich kochen, Birnen herausnehmen und abtropfen lassen. Je zwei Hälften mit der Öffnung nach unten gegenläufig auf dem Teller anrichten.

3 Den Weinsud absieben und sirupartig einkochen (nicht zu steif kochen, da der Sirup beim Erkalten noch fest wird!), nach Belieben im Verlaufe des Einkochens noch den Calvados hinzugeben.

4 Pürierte Himbeeren mit dem Zucker aufkochen und ebenfalls sirupartig einkochen.

5 Je eine Birnenhälfte mit einer Sauce übergießen und nach Belieben mit Pistazienkernen bestreuen.

Warm, aber nicht heiß servieren.

Panna Cotta

von Rechtsanwältin Marga Buschbell-Steeger, Koblenz, Geschäftsführerin der Rechtsanwaltskammer Koblenz

Zutaten:

2 Blatt weiße Gelatine
500 g Sahne
1 Vanilleschote
50 g Zucker
Obst, z.B. Kiwi, zum Garnieren

Zubereitung:

1 Die weiße Gelatine in kaltem Wasser einweichen. Die Sahne in einen Topf geben. Die Vanilleschote längs aufschlitzen, das Mark herauskratzen und zusammen mit der ganzen Schote und dem Zucker zur Sahne geben.

2 Langsam erhitzen, etwa 15 Min. leicht köcheln lassen. Den Topf vom Herd nehmen, Vanilleschote herausnehmen. Eingeweichte Gelatineblätter tropfnaß in den Topf geben, unter Rühren vollständig auflösen.

3 Sahne in 4 – 6 kalt ausgespülte Förmchen füllen, im Kühlschrank 3 – 4 Std. fest werden lassen.

4 Sahnecreme gut gekühlt auf Dessertteller stürzen und z.B. mit Kiwis garnieren.

Aprikosen-Tarte

Zutaten:

(für 4 – 6 Personen)
4 Scheiben Blätterteig
90 g weiche Butter
90 g gemahlene Mandeln (blanchiert)
100 g Zucker
2 Eier
Amaretto (nach Geschmack)
1 kg Aprikosen oder andere Früchte (Pfirsiche, Pflaumen, Kirschen)
Puderzucker

Zubereitung:

1 Tarteform 24 cm mit Backpapier auslegen. Blätterteig auf Formgröße ausrollen und in die Form legen. Teig zunächst ca. 10 Min. auf 200°C vorbacken (blindbacken).

2 Für die Creme Butter und Mandeln verkneten, Zucker und Eier zufügen, mit Amaretto abschmecken.

3 Form aus dem Ofen nehmen und den vorgebackenen Teig mit der Creme bestreichen. Die gewaschenen und entkernten Aprikosen mit der gewölbten Seite nach unten auf die Creme verteilen. Kuchen ca. weitere 35 Min. bei 175°C weiterbacken und vor dem Servieren mit Puderzucker bestreuen.

von Rechtsanwalt JR Wilfried Schmitz, Mainz, Vorsitzender des 1. Senats des Anwaltsgerichtshofs Rheinland-Pfalz

Lauwarm servieren.

Apriko-Sorbet

Zutaten:

500 g Aprikosen
Saft einer Zitrone
50 g Zucker
200 ml trockener Weißwein
2 EL Minzeblätter

Zubereitung:

1 Die Aprikosen mit kochendem Wasser überbrühen, kalt abschrecken und die Haut abziehen.

2 Aprikosen halbieren und das Fruchtfleisch pürieren.

3 Den Zitronensaft erwärmen, den Zucker darin auflösen und zusammen mit dem trockenen Weißwein und den frischen, gekochten Minzeblättern unter das Aprikosenpüree rühren.

4 Alles in eine Metallschüssel geben, ins Eisfach stellen und während der Gefrierzeit von etwa 3 Std. mehrmals mit dem Schneebesen umrühren.

5 Mit Eßlöffeln Nocken abschaben und mit Minzeblättchen garnieren.

von Rechtsanwältin Marga Buschbell-Steeger, Koblenz, Geschäftsführerin der Rechtsanwaltskammer Koblenz

Himbeernachspeise

von Rechtsanwältin Bärbel Rüll, Ransbach-Baumbach

Zutaten:

2 Pakete tiefgefrorene Himbeeren
500 g Magerquark
1 Becher Joghurt
1 Becher Sahne
5 – 7 EL brauner Zucker

Zubereitung:

1 Die tiefgefrorenen Himbeeren direkt in die Schüssel, in der Sie die Nachspeise servieren wollen, einfüllen und auftauen lassen, den Magerquark mit dem Joghurt verrühren. Die Sahne steifschlagen und unter die Joghurt-Quarkmasse rühren. Die Joghurt-Quark-Sahnemasse auf die Himbeeren füllen. Die gesamte Nachspeise wurde bislang nicht gezuckert!

2 Die Oberfläche der Joghurt-Quark-Sahnemasse mit dem braunen Zucker bedecken.

3 Die fertige Nachspeise mit Alufolie bedeckt über Nacht stehen lassen.

4 Kurz vor dem Servieren für 1 Min. in den heißen (ca. 200°C), abgeschalteten Backofen schieben.

Überbackene Himbeeren mit Pfefferminz

von Rechtsanwalt Dr. Hans-Albert Braunbeck, Mainz, Mitglied des 2. Senats des Anwaltsgerichtshofs Rheinland-Pfalz

Zutaten:

Himbeeren
Pfefferminze
Zucker
Eier

Zubereitung:

1 2 Lagen Himbeeren in eine leicht gebutterte (Portions-) Souffleeform geben.

2 Pro Portion einige Blättchen frische Pfefferminze mit 1 EL Zucker fein verreiben, mit 1 Ei verquirlen und die Masse über die Himbeeren geben.

3 Im heißen Backofen stocken lassen, evtl. unter dem Grill kurz bräunen.

Warm, aber nicht heiß servieren.

Bayerische Creme mit Himbeermark

Zutaten:

300 g Himbeeren, tiefgekühlt
50 g Puderzucker
1½ Blatt rote Gelatine
⅛ l Milch
½ Vanilleschote, längs halbiert
2 Eigelb
50 g Puderzucker
3 Blatt weiße Gelatine
¼ l süße Sahne

Zubereitung:

1 Getaute Himbeeren pürieren, zuckern, eingeweichte rote Gelatine in wenig Wasser bei milder Hitze schmelzen, dann zu den Himbeeren geben.

2 Milch mit Vanille aufkochen, durchgießen, Eigelb und Puderzucker schaumig rühren, dann die Milch darunterschlagen.

3 Alles bei milder Hitze schlagen (Topf in Eiswasser stellen), bis es dicklich wird. Eingeweichte, ausgedrückte Gelatine darin auflösen.

4 Creme aus dem Eiswasser nehmen, sobald sie zu stocken beginnt (ca. 5 Min.). Sofort die steifgeschlagene Sahne darunterheben.

5 Hälfte der Vanillecreme in eine Schüssel füllen, Hälfte des Himbeermarks darauf, dann die restliche Vanillecreme darüber und mit einer Gabel rotes Muster ziehen.

von Rechtsanwalt JR Werner Hanhart, Koblenz, ehemaliges Mitglied des Vorstandes der Rechtsanwaltskammer Koblenz

Sherry-Creme

Zutaten:

6 Blatt Gelatine
¼ l süßer Sherry
4 Eier
90 g Zucker
1 EL Zitronensaft
¼ l Sahne
Löffelbisquits
Sherrykirschen

Zubereitung:

1 Die Gelatine kalt einweichen, leicht ausdrücken und in einer Schüssel über Wasserdampf auflösen. Vom Feuer nehmen, Sherry dazurühren und kühl stellen.

2 Eigelb mit 60 g Zucker schaumig rühren und Eiweiß mit 30 g Zucker und Zitronensaft steifschlagen.

3 Beginnt das Gelee fest zu werden, das Eigelb, den Eischnee und die geschlagene Sahne darunterheben.

4 Die Masse in eine mit Löffelbisquits ausgelegte Form füllen und kalt stellen.

5 Mit Sherrykirschen garnieren.

von Rechtsanwalt JR Rolf Meyer-Schenk, Zell, ehemaliges Mitglied des Vorstandes der Rechtsanwaltskammer Koblenz

Eissauce mit Obst

von Rechtsanwalt
Volker Knappke,
Vallendar

Zutaten:

2 Packungen Vanilleeis
2 Gläschen Apfelschnaps

Zubereitung:

Das Vanilleeis antauen und cremig rühren. Dann den Apfelschnaps unterziehen.

Empfehlung: *Zu dieser Sauce Früchte reichen (z.B. Äpfel, Birnen, Pfirsiche etc.).*

Woischaumsoß
(Weinschaumsauce)

von Rechtsanwalt
JR Dr. Dietmar Peter,
Alzey, Mitglied des
Vorstandes der
Rechtsanwalts-
kammer Koblenz

Zutaten:

1/2 l herber Weißwein
1/2 l Wasser
2 EL Zucker
1 TL Speisestärke
2 Eigelb
2 Eiweiß

Zubereitung:

1 Wein, Wasser und Zucker erhitzen – nicht kochen!

2 Die Speisestärke mit 2 EL Flüssigkeit aus dem Topf gut verrühren.

3 Die übrige Weinmischung zum Sieden bringen.

4 Die Speisestärke einrühren (Schneebesen) und aufwallen lassen. Vom Herd nehmen.

5 Die Eigelbe gut verrühren, die Eiweiße zu steifem Schnee schlagen.

6 Die Weinsauce wieder etwas erhitzen (nicht kochen!), die Eigelbe einrühren und ca. 5 Min. mit dem Schneebesen aufschlagen.

7 Den Topf vom Herd nehmen und den steifen Eischnee ganz locker unter die Sauce heben (mit der Gabel) – nicht rühren!

Empfehlung: *Paßt gut zu Dampfnudeln, lockeren Beignets und anderen Süßspeisen.*

Darmstädter Götterspeise
als Teil eines rheinhessischen Sonntagsessens

Zutaten:
(für 6 Personen)
24 Löffelbisquits
3 EL Johannisbeergelee oder Marmelade
$^3/_4$ l Milch
4 Eier
$^1/_2$ Päckchen Vanillezucker
75 g Zucker
$1^1/_2$ EL Maizena
50 g gestiftete Mandeln

Zubereitung:
1 Bisquits mit Gelee bestreichen, 2 und 2 zusammenkleben und in eine Auflaufform legen.

2 Aus Milch, Eidotter, Vanillezucker, Zukker und Maizena wird eine Masse hergestellt und über die Bisquits gegossen.

3 Dann den Eischnee, der mit etwas Zucker bereitet ist, darüber, obendrauf die gestifteten Mandeln.

4 Das tiefe Backofenblech mit Wasser zur Hälfte füllen und die Schüssel mit der Masse hineinstellen. Oberhitze, bis die Mandeln gelblich geworden sind.

Speise kalt servieren.

(Kann schon am Vortag zubereitet werden.)

von Rechtsanwalt Karl-Otto Armbrüster, Mainz, Mitglied des Vorstandes der Rechtsanwaltskammer Koblenz

Glacierte Apfelscheiben an Grießklößchen

Zutaten:
125 g Hartweizengries
$^1/_2$ l Milch
1 EL Zucker
2 verquirlte Eier
Rosinen
2 – 3 feste Äpfel
Puderzucker
2 dl Cognac oder Calvados
evtl. gehackte Pistazienkerne

Zubereitung:
1 Einen festen, nicht zu süßen Grießbrei kochen, die verquirlten Eier unterziehen, erkalten lassen. Daraus kleine (kleine!) Grießklößchen formen (2 – 3 Rosinen in der Mitte). Klößchen auf Tellern anrichten (nach Belieben vorher auch in der geklärten Butter ausbacken).

2 Äpfel schälen, entkernen und jedes Viertel in vier Spalten schneiden. Apfelspalten auf einer Platte verteilen und von beiden Seiten dick mit Puderzucker einstäuben, darüber einige Spritzer Cognac verteilen.

3 Gezuckerte Apfelscheiben in geklärter Butter von beiden Seiten goldgelb braten. Nach Belieben können auch einige Rosinen **ganz kurz** gebraten werden.

4 Apfelscheiben neben den Klößchen anrichten und evtl. mit den gebratenen Rosinen bestreuen.

5 Die in der Pfanne verbliebene Butter-Zuckermasse mit Cognac ablöschen und schnell zu einem leichten Sirup einkochen, Klößchen und Äpfel übergießen.

6 Nach Belieben mit gehackten Pistazienkernen bestreuen.

Sofort servieren.

von Rechtsanwalt Dr. Hans-Albert Braunbeck, Mainz, Mitglied des 2. Senats des Anwaltsgerichtshofs Rheinland-Pfalz

Apfelgratin »Isabelle«

von Rechtsanwalt Gerhard Leverkinck, Koblenz, Mitglied des Vorstandes der Rechtsanwaltskammer Koblenz

Zutaten:

50 g Mehl
50 g gemahlene Walnüsse
50 g Zucker
1/2 TL Zimt
etwas abgeriebene Zitronenschale
50 g Butter oder Margarine
600 g Äpfel
3 EL Preiselbeerkompott
3 EL Calvados
200 g Crème Fraîche
1 EL Sahne

Zubereitung:

1 Mehl, Walnüsse, Zucker, Zimt und etwas abgeriebene Zitronenschale mischen, Butter oder Margarine in Stückchen hinzufügen und mit den Händen zu einem krümeligen Teig kneten. Anschließend kalt stellen.

2 Die Äpfel vom Kerngehäuse befreien, schälen und in ca. 1 cm dicke Scheiben schneiden.

3 Eine flache, ofenfeste Form einfetten. Die Apfelringe dachziegelartig hineinlegen. Mit dem Preiselbeerkompott bestreichen und dem Calvados beträufeln.

4 Die Crème Fraîche mit der Sahne verrühren und über die Äpfel gießen. Den Teig zu Streuseln verreiben und diese über den Äpfeln verteilen.

5 Anschließend die Form in den Ofen schieben und zunächst bei 250°C 20 Min., dann noch 10 Min. bei 180°C überbacken.

Heiße Bananen mit Zimt-Kokosnuß-Sauce

von Rechtsanwältin Alexandra Meerfeld, Trier

Zutaten:

(für 4 Personen)
4 mittelgroße Bananen
1 EL Stärkemehl
2 EL Zucker
1/2 TL gemahlener Zimt
1 Dose Kokosmilch (215 ml)

Zubereitung:

1 Enden der Bananen abschneiden. So vorbereitete Bananen ca. 5 Min. in Dünsteinsatz über kochendem Wasser garen lassen.

2 Inzwischen übrige Zutaten in einem Topf unter Rühren zum Kochen bringen, ca. 2 Min. eindicken lassen.

3 Bananen mit Hilfe einer Servierzange schälen, auf Desserttellern mit der Kokosnuß-Sauce anrichten.

Rhabarber mit Pfefferminzkaramel

Zutaten:

Rhabarber
1 Flasche Wein
ca. 250 g Zucker
1 Handvoll frische Pfefferminzblätter

Zubereitung:

1 Rhabarber waschen, schälen und in ca. 5 cm lange Stifte von ca. 1 cm Dicke schneiden. In eine Schüssel geben.

2 Den Wein aufkochen, über den Rhabarber gießen und ca. 15 Min. ziehen lassen, ggf. wiederholen, bis der Rhabarber weich, aber nicht zerfallen ist.

3 Wein abgießen, Rhabarber abtropfen lassen. Rhabarber portionsweise auf einem Teller anrichten.

3 In einer großen Pfanne den Zucker schmelzen, mit dem Weinsud ablöschen.

4 Pfefferminzblätter hinzufügen und den Karamel auflösen, bis zu einem mittleren Sirup kochen. Über den Rharbarber gießen und warm servieren.

von Rechtsanwalt Dr. Hans-Albert Braunbeck, Mainz, Mitglied des 2. Senats des Anwaltsgerichtshofs Rheinland-Pfalz

***Empfehlung:** Nach Belieben auch mit einem Vanille- oder Pfefferminzeis servieren.*

Süßer Reisauflauf

Zutaten:

1/2 l Milch
125 g Patna-Reis
1 Prise Salz
40 g Butter
60 – 80 g Zucker
2 – 3 Eigelb
1 TL Zitronensaft
1 gestrichener TL Backpulver
2 – 3 Eiweiß
2 EL Weckmehl
Butterflocken

Zubereitung:

1 Die Milch mit dem Reis und dem Salz zum Kochen bringen und etwa 1/2 Std. ziehen lassen.

2 Die Butter, den Zucker, die Eigelbe, den Zitronensaft und das Backpulver schaumig rühren und unter den Reis ziehen.

3 Anschließend schlägt man das Eiweiß sehr fest und zieht es ebenfalls unter.

4 Das Ganze gibt man in eine Auflaufform (oder mehrere kleine), überstreut es mit Weckmehl und belegt es mit Butterflocken.

5 Im Backofen etwa 45 Min. bei 180 – 200°C überbacken.

von Rechtsanwalt Winfried Rohmann, Trier

»Was ist ein Lieblingsrezept? Für den gejagten Tages- und Nachtarbeiter kann es nur etwas sein, was sehr schnell geht, aber trotzdem gut schmeckt. Und wenn abends Gäste kommen, ist die Marge zwischen Arbeit und Ankunft der Gäste nur schmal.
Etwas anderes ist es mit dem Advent. Von Ende November an befällt mich eine Unruhe, die sich in der zwanghaften Ansammlung gebackener Schätze äußert. Backen ist Lust, auch wenn es die Nächte kostet – aber nur vor Weihnachten.«

Basler Leckerli

von Rechtsanwältin Dr. Brigitte Borgmann, München, ehemalige Syndikusanwältin und Prokuristin der Allianz Versicherung, Deutschlands »Anwaltshaftungspäpstin«

Zutaten:

500 g Bienenhonig
200 g Zucker
20 g Zimt
10 g Nelken
1/2 Muskatnuß, feingerieben
abgeriebene Schale einer Naturzitrone
70 g Zitronat, kleingehackt
70 g Orangeat, kleingehackt
230 g Mandeln, blättrig geschnitten
700 g Mehl
15 g Pottasche
3 EL Kirschwasser
Butter

Für die Glasur:

300 g Puderzucker, gesiebt
3 EL Kirschwasser
3 EL heißes Wasser

Zubereitung:

1 Den Bienenhonig zergehen lassen, den Zucker im heißen Honig auflösen. Den Zimt, die Nelken, die halbe, feingeriebene Muskatnuß sowie die abgeriebene Schale einer Naturzitrone zugeben.

2 Das kleingehackte Zitronat und Orangeat und die blättrig geschnittenen Mandeln beigeben. Das Mehl auf Arbeitsfläche sieben. Die Pottasche im Kirschwasser auflösen, in die Honigmasse einrühren. Gemisch mit dem Mehl gut verarbeiten, eine Kugel formen und mindestens 1 Tag bei Zimmertemperatur zugedeckt ruhen lassen.

3 Dann 1 cm dick ausrollen, auf ein gebuttertes und mit Mehl bestäubtes Brett legen. Bei 180°C 15 – 20 Min. backen.

4 Nach dem Backen sogleich warm mit Glasur beziehen und in kleine Stücke schneiden.

5 Für die Glasur den gesiebten Puderzucker mit dem Kirschwasser und dem heißen Wasser fest verrühren.

Muß länger liegen, kann aber auch schon bald gegessen werden!

Knappkuchen

Zutaten:

20 g Butter
250 g Zucker
4 Eier
250 g Mehl
1/2 Päckchen Backpulver
125 g Mandelstifte
1 TL Zimt
3 EL Zucker

Zubereitung:

1 Die Butter schaumig rühren und nach und nach die übrigen Zutaten hineingeben, zum Schluß die steifgeschlagenen Eiweiße.

2 Den Teig dünn auf 2 gefettete Backbleche streichen, mit Mandelstiften, Zimt und Zucker bestreuen.

3 Schnell abbacken.

4 Noch warm in Rauten schneiden und möglichst sofort essen.

Empfehlung: *In Trier trinkt man dazu Viez.*

von Rechtsanwalt Alfons Roeder, Trier, Mitglied des Vorstandes der Rechtsanwaltskammer Koblenz

Knappkuchen gab es immer zur Helenenkirmes in Euren. Sie fand einen Sonntag nach dem Namensfest der Helene statt. Die Kinder aus der Gegend um Trier wußten meist nicht, ob sie sich mehr auf die Kirmes oder auf den Knappkuchen freuten. Er muß ganz frisch, möglichst noch warm gegessen werden.

Mousse au chocolat à l' avocate

Das Zubereitungsverfahren ist auch für weniger Geübte durchführbar.

1. Verfahrensvoraussetzungen

(für 4 – 6 Personen)
75 g gute Vollmilchschokolade (z.B. Lindt)
75 g gute Zartbitterschokolade
3 ganz frische Eier
15 g Rum
1/2 TL Agar-Agar (Reformhaus oder Bioladen)
500 ml Sahne
Biobin (pflanzliches Bindemittel aus dem Reformhaus) oder Sahnesteif
1 Messerspitze Vanillepulver
1 – 2 EL Akazienhonig

2. Zubereitungsverfahren

§ 1 Die Schokolade ist im Wasserbad zu schmelzen.

§ 2 Die aufgeschlagenen Eier sind in einem Topf mit dem Rum und dem Agar-Agar zu vermischen. Diese Masse ist ebenfalls in einem Wasserbad unter ständigem Umrühren (mit einem elektrischen Rührgerät) langsam zu erhitzen, bis das Wasser fast zu kochen beginnt (die Masse geht dabei stark auf, das Ei darf aber nicht stocken).

§ 3 Die Eimasse ist sodann in eine Schüssel zu geben und mit der geschmolzenen Schokolade zu verrühren.

§ 4 In einem vorgekühlten (!) Gefäß ist sodann die Sahne zu schlagen. Nach Gebrauchsanweisung (einfach!) sind nun Biobin oder Sahnesteif sowie das Vanillepulver hinzuzufügen.

Der Honig (zum Süßen der Sahne) ist erst unterzurühren, wenn die Sahne schon steifgeschlagen ist.

von Rechtsanwältin Annette Frfr. Hiller v. Gaertringen, Bitburg

§ 5 Zur Fertigstellung ist zunächst 1/3 der Sahne unter die Ei-Schokoladenmasse zu heben, dann der Rest.

§ 6 Die fertige Mousse ist vor dem Servieren ca. 2 Std. in den Kühlschrank zu stellen.

Tip: *Mit einem Eßlöffel sticht man senkrecht in das Schokoladenmousse ein und dreht kleine »Klöße« damit ab, die man vorsichtig auf die Dessertteller plaziert. Man kann diese z.B. mit exotischen Früchten dekorieren, evtl. auch mit Kokosflocken bestreuen.*

Dieses Dessert kann gut einen Tag vor dem Servieren zubereitet und im Kühlschrank aufbewahrt werden.

Fondant au chocolat noir

von Rechtsanwalt Lutz Hartmann, Mainz/Paris

Zutaten:

Für den Teig:
120 g Butter
70 g Puderzucker
30 g gemahlene Mandeln
1 Ei
1 Prise Salz
200 g Mehl

Für die Schokolade:
200 g bittere Schokolade (70 % Cacaoanteil)
50 g Zucker
250 g Crème Fraîche
1 Ei
4 Suppenlöffel Milch
Salz

Zubereitung:

Der Teig:

1 Für den Teig schlagen Sie zunächst in einer Schüssel die Butter schaumig (die Butter hierzu nicht erhitzen) und geben dann nacheinander den Puderzucker, die gemahlenen Mandeln, das Ei und 1 Prise Salz hinzu. Nachdem Sie dies gut vermischt haben, geben Sie nach und nach das Mehl in die Schüssel.

2 Kneten Sie möglichst schnell aus dieser Masse einen glatten Teig. Diesen sollten Sie 12 Std. ruhen lassen (soll es aber schnell gehen, so schmeckt der Kuchen auch bei kürzerer Ruhezeit).

3 Nach der Ruhezeit backen Sie den Teig in einer Tarteform (oder einer normalen Springform) mit einem Durchmesser von 26 cm 10 Min. bei 170°C (zum Beispiel mit rohen Erbsen als Füllung). Sie sollten den Boden vor dem Backen mit einer Gabel einstechen, damit er keine Blasen wirft.

Die Schokolade:

1 Für die Schokoladenfüllung zerhacken Sie die Schokolade in kleine Stücke und lassen sie äußerst langsam über einem Wasserbad schmelzen.

2 Fügen Sie in einer Schüssel Zucker und Crème Fraîche zusammen und rühren Sie diese Mischung unter die vollständig geschmolzene Schokolade.

3 Verrühren Sie das Ei mit der Milch in einer kleinen Schüssel und geben es zur der Schokoladenmischung.

4 Nun ist eine glatte, recht flüssige Schokoladenmasse entstanden, die Sie nun auf den Boden geben und wiederum 10 Min. bei 170°C backen.

Der Fondant au chocolat noir kann sowohl warm als auch kalt verzehrt werden.

Empfehlung: *Wollen Sie den Genuß krönen, so servieren Sie ihn mit einer dicken Vanillesauce (Crème Anglaise).*